그림으로 배우는

파이썬 기초 문법

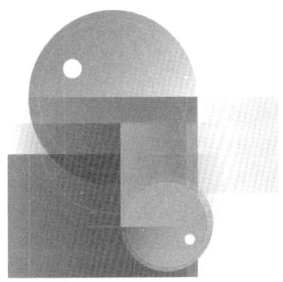

머리말

파이썬은 최근 가장 인기 있는 프로그래밍 언어로 여러 분야에서 사용되고 있습니다. 필자는 2000년 초반에 파이썬을 배웠는데 그 당시만 해도 파이썬의 인기가 이렇게 높아질지 생각하지 못했습니다. 대학교 연구실이나 회사에서 파이썬을 사용하면 많은 분이 신기하게 쳐다봤었습니다. 2016년 알파고가 등장하며 본격적인 딥러닝/머신러닝의 시대가 오면서 파이썬의 인기는 나날이 높아지고 있습니다. 프로그래머라면 당연히 알아야 하는 기본적인 스크립트 언어가 되었고 일반 사람들도 업무 자동화, 데이터 분석을 위해 파이썬을 배우고 있습니다.

이러한 파이썬의 인기만큼 파이썬 입문을 위한 수많은 책이 있습니다. 하지만 필자들이 패스트캠퍼스, 러닝스푼즈, 클래스101을 통해 온/오프라인 수업을 해보면 아직도 많은 분이 파이썬 문법을 어려워하며 간단한 프로그램 작성에도 애를 먹는 경우를 자주 봅니다. 파이썬의 문법은 클래스를 기반으로 하는데 많은 책에서 클래스에 대한 설명을 건너뛰거나 이미 객체지향 프로그래밍을 알고 있다는 가정하에 집필된 책들이 많기 때문입니다. 초보자가 클래스 개념을 제대로 이해하지 못한 상태에서 여기저기 self를 붙였다가 뗐다가 하는 분들을 자주 봅니다. 필자 역시 파이썬 클래스의 self를 완전히 이해하는데 5년이라는 시간이 걸린 것 같습니다.

필자들은 프로그래밍을 배울 때 메모리의 상태를 그림으로 그려보고 값을 확인하는 것을 중요하게 생각합니다. 몇 줄의 코드라도 그림을 그려보면 본인이 이해하는 것과 그렇지 않은 부분을 명확히 구분할 수 있습니다. 이 책에서는 많은 그림을 통해 개념을 이해할 수 있도록 했습니다. 이를 통해 함수 호출 과정과 클래스에 대해 초보자가 완전히 이해할 수 있도록 했습니다. 또한, 연습문제를 통해서 장별로 배운 내용을 스스로 점검해볼 수 있도록 구성했습니다.

이 책의 마지막에서는 파이썬 외부 라이브러리를 사용하지 않고 기본적인 문법만 아는 수준에서 구현할 수 있는 3개의 프로젝트를 제공합니다. 콘솔 기반으로 프로젝트를 직접 구현해봄으로써 단순히 파이썬 문법을 아는 수준에서 직접 프로그램을 개발할 수 있는 수준으로 올라갈 수 있도록 했습니다. 여기에 Visual Studio Code라는 개발 툴을 사용하여 작성된 코드를 디버깅할 수 있는 내용을 다룸으로써 작성된 코드를 스스로 디버깅하고 문제를 해결할 수 있도록 했습니다.

감사의 말

먼저 사랑하는 우리 가족에게 감사의 말을 전합니다. 항상 옆에서 도움 주고 응원해주는 인생의 반려자 시후, 동생을 잘 챙겨주고 집안일도 잘 도움 주는 예쁜 딸 수아, 마지막으로 요즘 태권도를 막 배우기 시작한 착한 아들 수민에게 감사함을 전합니다.

여러 책을 같이 집필하고 있는 유대표님께도 특별히 감사함을 전합니다. 이 책이 같이 집필한 세 번째 책인데 앞으로도 잘 부탁드립니다. 마지막으로 부족한 책이지만 바쁘신 시간에도 리뷰에 도움 주신 네이버 파이스탁 카페 회원분들께도 이 자리를 빌려 감사함을 전합니다.

저자 조대표

마감에 치여 사는 요즘, 그중 하나를 마무리한다는 것에 감사합니다. 월요일을 앞둔 일요일 저녁처럼 곧 다음 일정이 기다리고 있지만 무엇인가를 하나 끝냈다는 사실은 기쁘기 그지없습니다. 2023년에도 감사의 글을 적을 수 있도록 열심히 살겠습니다.

지치기도 하고, 힘들었지만 조대표님이 많이 도와줘서 좋은 결과물을 낼 수 있었습니다. 특히 이번 책에서는 큰 기여를 못 한 것 같아서 미안함도 없지 않습니다. 저 자신의 기준이기는 하지만, 만회할 수 있게, 오래 일할 수 있게, 꼭 건강하세요. 우리 아들 서하와 와이프 아름이가 많이 먹어서 일을 많이 해야 할 것 같습니다.

저자 유대표

목차

01장   파이썬 시작하기   8

    1.1 프로그래밍 언어   9
    1.2 파이썬 설치하기   12
    1.3 주피터 노트북   18
    1.4 구글 코랩   21
    1.5 실습 파일   23

02장   변수와 기본 자료형   24

    2.1 기본 데이터 타입   25
    2.2 파이썬과 변수   31
    2.3 파이썬 문자열   34
    2.4 문자열 주요 함수   38
    2.5 문자열 포매팅   43
    2.6 타입 변환   46

03장   자료구조   49

    3.1 리스트   50
    3.2 튜플   59
    3.3 딕셔너리   62
    3.4 이차원 데이터   68

04장　조건문　　　　　　　　　　　　　　　　73

　　4.1 Boolean 타입　　　　　　　　74
　　4.2 파이썬 조건문　　　　　　　　76

05장　반복문　　　　　　　　　　　　　　　　82

　　5.1 파이썬 for 문 (1)　　　　　　83
　　5.2 파이썬 for 문 (2)　　　　　　87
　　5.3 반복문과 조건문　　　　　　　91
　　5.4 break, continue, pass　　　94
　　5.5 while 문　　　　　　　　　　98
　　5.6 중첩 루프　　　　　　　　　102

06장　함수　　　　　　　　　　　　　　　　　108

　　6.1 함수 기초　　　　　　　　　109
　　6.2 입력값이 있는 함수　　　　　113
　　6.3 리턴값이 있는 함수　　　　　117
　　6.4 함수 호출 과정의 이해　　　119
　　6.5 LEGB 규칙　　　　　　　　124

목차

07장　모듈 ———— 128

　　7.1 파이썬 모듈 사용하기　129
　　7.2 파이썬 모듈 만들기　134
　　7.3 파이썬 패키지　137

08장　클래스 ———— 140

　　8.1 클래스 소개　141
　　8.2 클래스 정의　147
　　8.3 클래스와 메서드　155
　　8.4 파이썬 클래스 self 이해하기　161
　　8.5 메서드 호출 방식　165
　　8.6 생성자　168
　　8.7 클래스 상속　172

09장　파일 ———— 177

　　9.1 파이썬으로 파일 쓰기　178
　　9.2 파이썬으로 파일 읽기　183
　　9.3 pickle 모듈로 데이터 저장　186

10장	**예외 처리**	**189**
	10.1 파이썬 예외처리	190
11장	**파이썬 프로젝트**	**196**
	11.1 Visual Studio Code	197
	11.2 To Do 프로그램	203
	11.3 감사 일기장	208
	11.4 도서 관리 프로그램	216
	11.5 디버깅	223
부록	**연습문제 정답**	**229**
	2장 연습문제 풀이	230
	3장 연습문제 풀이	231
	4장 연습문제 풀이	233
	5장 연습문제 풀이	234
	6장 연습문제 풀이	239
	7장 연습문제 풀이	242
	8장 연습문제 풀이	243

01

파이썬 시작하기

이번 장에서는 파이썬 개발 환경을 설치하고 프로그래밍에 관련된 기본적인 개념들에 대해 소개합니다.

1.1 프로그래밍 언어

1.2 파이썬 설치하기

1.3 주피터 노트북

1.4 구글 코랩

1.5 실습 파일

1.1 프로그래밍 언어

프로그램과 프로그래밍

요즘은 누구나 PC를 사용 해서 업무를 봅니다. 여러분이 PC에서 가장 많이 사용하는 프로그램은 무엇인가요? 인터넷을 자주 한다면 크롬, 사파리, 엣지와 같은 웹 브라우저 프로그램일 겁니다. 만약 회사에서 엑셀과 워드로 문서를 주로 작성하는 업무를 하고 있다면 엑셀이나 워드 프로그램이 자주 사용하는 프로그램일 겁니다. 이처럼 어떤 정해진 기능(또는 역할)을 수행해주는 소프트웨어를 프로그램(program)이라고 합니다. 이런 프로그램을 개발하는 것을 프로그래밍(programming)이라고 합니다.

그림 1.1.1 프로그램의 예

프로그래밍 언어

여러분이 직접 어떤 목적의 프로그램을 개발하려면 무엇이 필요할까요? 가장 먼저 필요한 것이 바로 프로그래밍 언어입니다. 미국 사람과 이야기하려면 영어를 알아야 하고, 일본 사람과 대화하려면 일어를 먼저 공부해야 하는 것처럼 컴퓨터에 여러분이 원하는 작업을 시키려면 컴퓨터가 사용하는 언어를 여러분이 배워야 합니다.

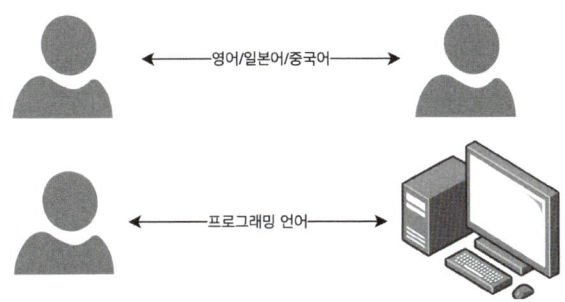

그림 1.1.2 일상 언어와 프로그래밍 언어

물론 컴퓨터의 기능이 발전하여 여러분의 말을 알아들을 수 있다면 우리가 직접 프로그래밍 언어를 공부할 필요는 없습니다. 하지만 아직은 컴퓨터가 인간의 말을 완벽히 이해하지 못하기 때문에 일을 시키고 싶은 인간이 먼저 컴퓨터의 언어를 배울 수밖에 없습니다.

프로그램은 앞서 말씀드린 것처럼 어떤 기능을 수행하는 소프트웨어입니다. 개발할 프로그램의 종류나 목적에 따라 해당 프로그램을 좀 더 효과적으로 개발할 수 있는 여러 프로그래밍 언어들이 존재합니다.

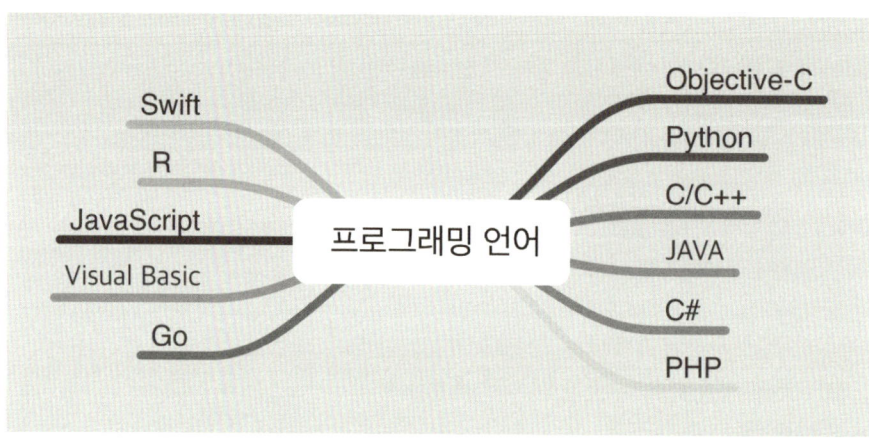

그림 1.1.3 프로그래밍 언어

예를 들어, 게임과 같이 프로그램의 실행 속도가 중요한 경우에는 어셈블러, C, C++과 같은 프로그래밍 언어를 사용합니다. 반도체 설계 분야에서는 반도체 설계에 특화된 VHDL이나 Verilog와 같은 프로그래밍 언어를 사용합니다. 웹 개발에서는 JavaScript, ASP, JSP, PHP, Java 등의 프로그래밍 언어를 사용합니다. 이처럼 다양한 프로그래밍 언어가 존재하기 때문에 여러분은 여러분의 목적에 맞춰 프로그래밍 언어를 선정하고 배우면 됩니다.

표1.1.1 프로그래밍 언어 주요 용도

프로그래밍 언어	주요 용도
C/C++	게임, 운영체제와 같은 고성능 프로그램 개발에 주로 사용
JAVA	안드로이드 개발, 웹 등 여러 분야에서 사용됨
JavaScript	웹 개발에 주로 사용됨
R	데이터 분석 분야에서 주로 사용됨
Python	데이터 분석, 머신러닝 딥러닝 등 여러 분야에서 사용됨

파이썬

파이썬은 1991년 귀도 반 로섬(Guido van Rossum)이 만든 배우기 쉽고 강력한 프로그래밍 언어입니다. 파이썬이라는 이름은 귀도 반 로섬이 좋아하는 코미디 프로그램인 "Monty Python's Flying Circus"에서 따온 것이라고 합니다. 하지만 파이썬이라는 이름의 뱀도 있어서 실제로 파이썬 프로그래밍 책을 보면 표지에 뱀이 그려진 것이 많습니다. 그리고 파이썬과 관련된 프로그램의 아이콘에도 뱀이 자주 등장하는 것을 볼 수 있습니다.

그림 1.1.4 Monty Python's Flying Circus (출처: imdb)

파이썬은 C, C++, 자바(Java) 같은 프로그래밍 언어보다 훨씬 배우기 쉽고 문법도 간단합니다. 또한, 파이썬은 C, C++, 자바보다 약 1/3 또는 1/5 정도의 코드만으로도 같은 기능을 수행하는 프로그램을 개발할 수 있어 개발 생산성이 매우 높습니다. 쉽게 말해서 컴퓨터에 대충 명령을 내려도 컴퓨터가 알아서 일을 잘 처리하기 때문에 C, C++, 자바보다 프로그래밍하는 시간이 줄어든다는 것입니다. 여러분이 어떤 목적으로 프로그램을 개발할 때 C, C++을 사용하면 5달이 걸릴 작업을 파이썬으로는 1달 만에 끝낼 수 있습니다.

공사장에서 땅을 파는데 삽과 포크레인이 있다고 생각해봅시다. 삽을 이용하면 포크레인보다 정교하게 땅을 팔 수 있습니다. 하지만 시간이 오래 걸리죠. 포크레인은 삽보다는 정교함은 떨어지지만, 더 빨리 땅을 팔 수 있습니다. 그렇지만 무조건 포크레인이 좋다고 말할 수는 없습니다. 정교한 작업이 필요할 때는 삽을 이용할 수밖에 없습니다. 프로그래밍 언어도 이와 비슷합니다. 파이썬이 무조건

C보다 좋다거나 반대로 C가 파이썬 보다 좋다고 말하기 어렵습니다. 개발 목적과 환경에 따라 최적의 언어를 선정해서 사용하는 것일 뿐입니다.

1.2 파이썬 설치하기

파이썬 설치 파일

여러분의 PC에서 파이썬 소스 코드를 실행하려면 파이썬을 먼저 설치해야 합니다. 파이썬 설치 파일은 크게 공식판과 배포판으로 나눌 수 있습니다. 공식판은 용량이 작고 상대적으로 적은 수의 라이브러리가 설치됩니다. 반면 배포판은 설치 용량이 크며 다양한 라이브러리 및 개발 환경도 같이 설치됩니다. 여러분의 PC에 충분히 하드디스크 용량이 있다면 배포판을 설치하는 것이 초보자일 때는 좀 더 편리합니다.

표 1.2.1 파이썬 공식판과 배포판 비교

항목	공식판	배포판
다운로드 링크	http://www.python.org	http://www.anaconda.com
설치 후 용량	약 25 MB	약 2GB
라이브러리	기본 라이브러리	기본 라이브러리 + 추가 라이브러리
개발툴 포함 여부	비포함	포함(스파이더, 주피터 노트북)

여기서 라이브러리라는 것은 여러분이 어떤 프로그램을 개발할 때 가져다 사용할 수 있는 이미 만들어진 부품을 의미합니다. 건설사가 아파트를 건설할 때 시멘트와 철근과 같은 부품은 다른 업체로부터 사다가 사용하는 것처럼 프로그램 개발도 여러분이 모든 분야를 다 직접 개발할 수는 없습니다. 그래서 이미 개발된 라이브러리를 최대한 활용하여 개발하게 되는데, 초보자일 때는 어떤 라이브러리가 필요한지 잘 모르기 때문에 자주 사용되는 라이브러리를 모두 미리 설치해 두는 것이 편리합니다.

배포판은 공식판과 달리 파이썬 개발에 필요한 몇 가지 개발 툴도 포함하고 있습니다. 초보자는 본인이 직접 개발 툴을 설치하기보다는 배포판 등에 포함된 개발 툴을 사용하는 것이 편리합니다.

배포판과 아나콘다

파이썬은 오픈소스로 개발됩니다. 이 말의 의미는 소스 코드가 모두 공개되어 있어 누구나 볼 수 있고 개발에 참여할 수 있음을 의미합니다. 이런 오픈소스 특징 때문에 여러 회사가 파이썬 배포판을 만들고 배포하고 있습니다. 그중에서 아나콘다라는 이름의 배포판이 가장 많이 사용되고 있습니다. 이 책에서는 아나콘다 배포판을 설치하고 사용합니다.

아나콘다 배포판 설치

아나콘다 웹사이트(https://www.anaconda.com/products/individual#Downloads)에 접속한 후 그림 1.2.1의 다운로드 페이지로 이동합니다. 'Windows' 항목에서 Python 3.9 version의 '32-Bit Graphical Installer'를 다운로드합니다. 만약 여러분 PC의 윈도우가 32비트 시스템이라면 '32-Bit Graphical Installer'를 설치해야 하며, 64비트 윈도우 PC라면 32비트나 64비트 중 원하는 버전을 선택해서 설치할 수 있습니다. 참고로 국내 증권사 API 사용과 같은 특별한 목적이 있지 않은 한 64비트 시스템에서는 64비트 프로그램을 설치하는 것이 좋습니다. 본 도서에서는 '32-bit Graphical Installer' 버전을 기준으로 설명하지만 64비트 역시 설치 파일만 다를 뿐 설치 과정은 동일합니다.

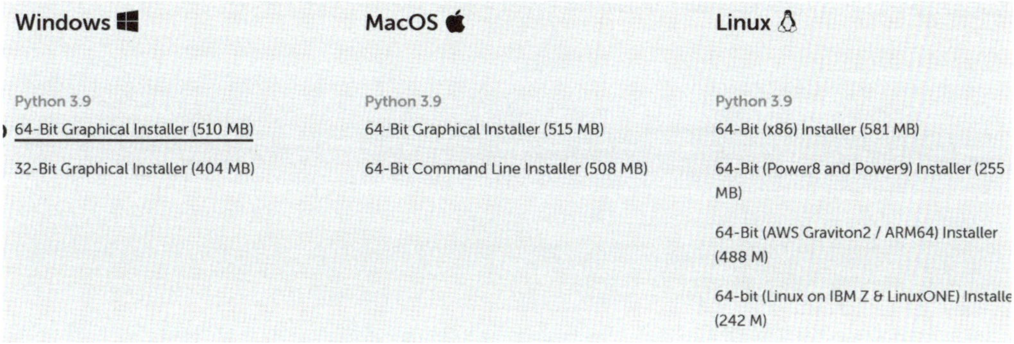

그림 1.2.1 윈도우 32-bit 아나콘다 설치 파일 다운로드

다운로드한 파일을 실행해서 설치를 시작합니다. 그림 1.2.2와 같이 [Next] 버튼을 클릭합니다.

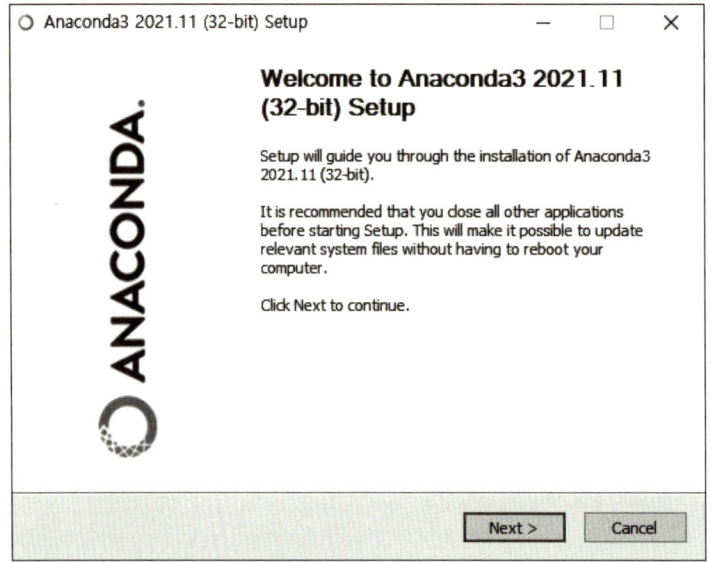

그림 1.2.2 아나콘다 설치 화면

그림 1.2.3의 라이선스 동의 화면에서 약관을 확인하고, 설치를 계속 진행하려면 [I Agree] 버튼을 클릭합니다.

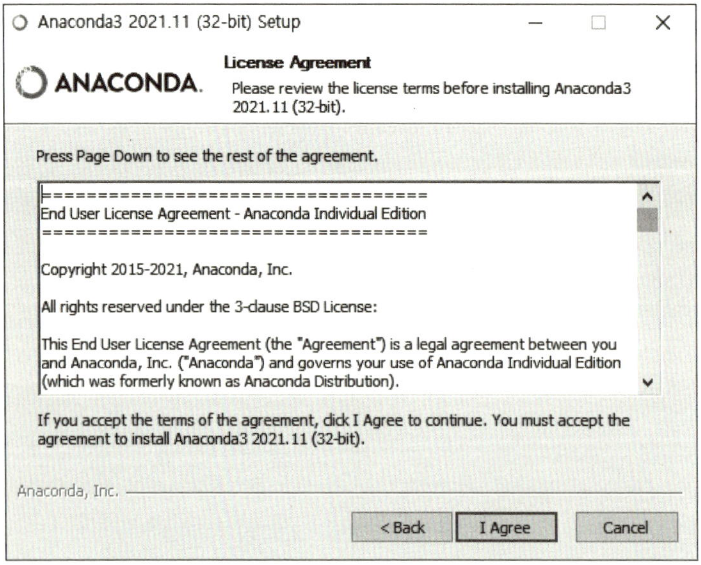

그림 1.2.3 라이선스 동의

설치 유형을 선택하는 화면에서 'All Users'를 선택한 후 [Next] 버튼을 클릭합니다.

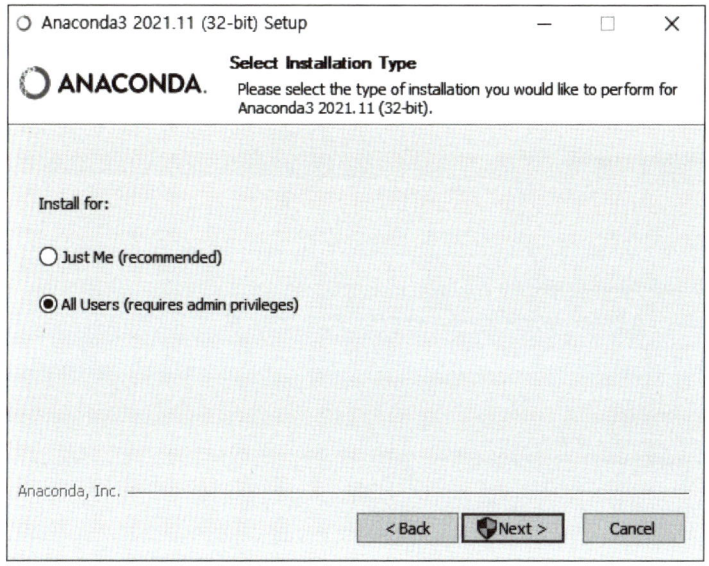

그림 1.2.4 설치 유형 선택

설치 경로 설정 화면에서 나중에 쉽게 접근할 수 있도록 설치 경로를 그림 1.2.5와 같이 'C:₩Anaconda3'으로 변경한 후 [Next] 버튼을 클릭합니다.

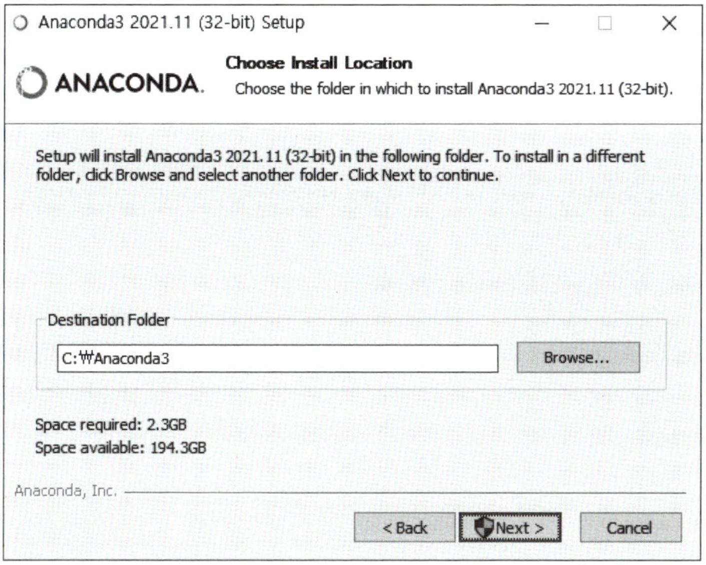

그림 1.2.5 설치 경로 설정

세부 옵션을 설정하는 화면입니다. 첫 번째 옵션은 아나콘다를 윈도우 환경 변수에 추가하는지를 설정하는 겁니다. 두 번째 옵션은 파이썬 개발 툴에서 아나콘다를 우선으로 사용하는 것을 설정하는 겁니다. 두 옵션을 모두 선택한 후 [Install] 버튼을 클릭하여 설치를 시작합니다.

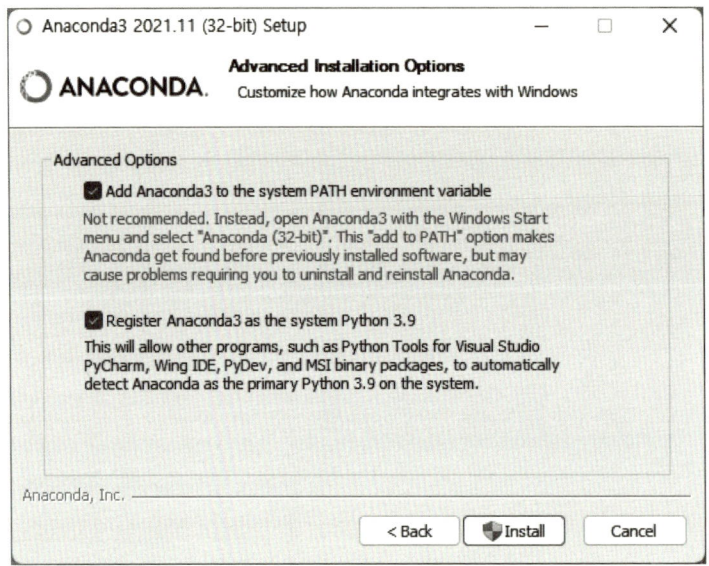

그림 1.2.6 세부 옵션 설정

설치 시간은 PC 환경에 따라 다르지만 보통 10분 정도 소요됩니다. 설치가 완료되면 [Next] 버튼을 클릭합니다.

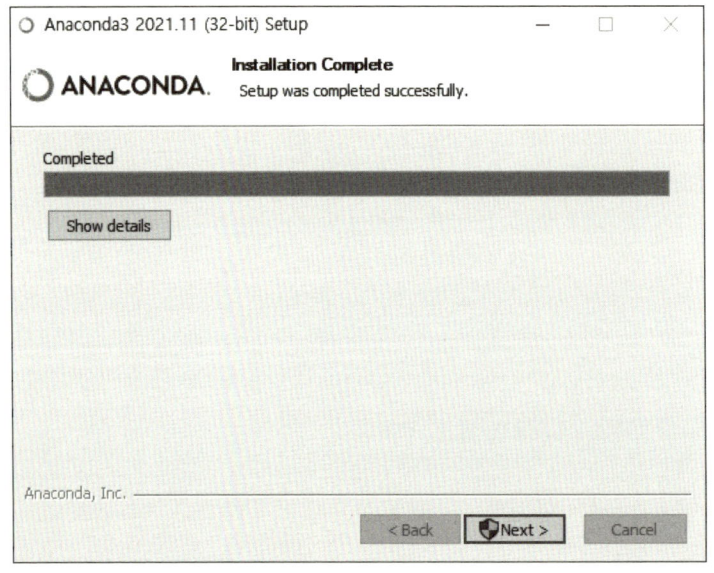

그림 1.2.7 아나콘다 설치

추가 제품 안내 화면에서는 [Next] 버튼을 눌러 다음 과정으로 넘어갑니다.

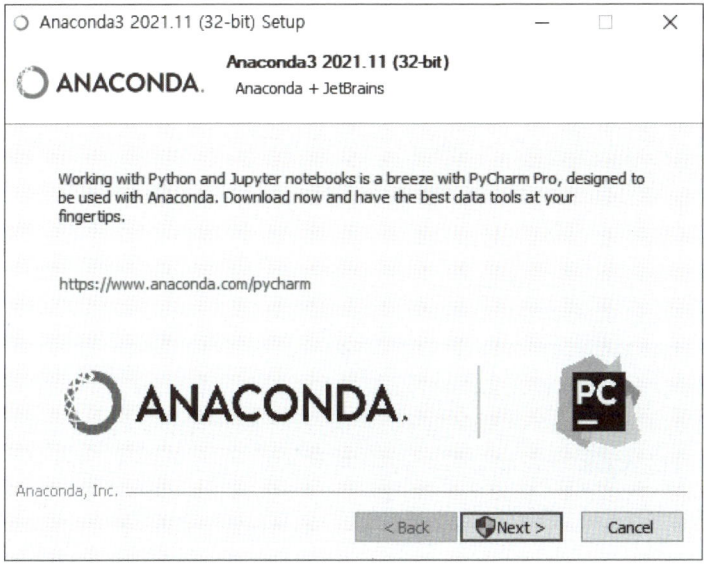

그림 1.2.8 아나콘다 설치

[Finish] 버튼을 클릭하여 아나콘다 설치를 끝마칩니다.

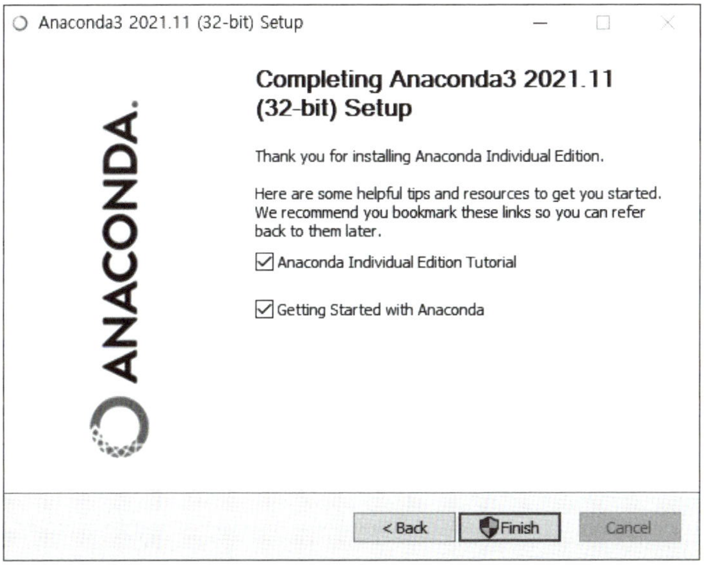

그림 1.2.9 설치 완료

1.3 주피터 노트북

파이썬 개발 환경

아나콘다 배포판을 사용하면 Spyder나 주피터 노트북이라는 개발 환경이 여러분의 컴퓨터에 설치됩니다. 이외에도 PyCharm이나 Visual Studio Code와 같은 개발 툴이 파이썬 코드 개발에 주로 사용되고 있습니다.

표 1.3.1 파이썬 개발 환경

개발 환경	특징
Python IDLE	공식판과 배포판에 모두 포함되어 있는 콘솔 기반의 파이썬 개발 환경
Spyder	아나콘다 배포판에 포함되어 있는 파이썬 통합 개발 환경
주피터노트북	아나콘다 배포판에 포함되어 있는 문서화 및 파이썬 코드 개발 환경

개발 환경은 파이썬 문법이 익숙해진 후 본인의 기호에 따라 주로 선택하게 됩니다. 필자는 간단히 파이썬 코드를 실행할 때는 주로 주피터 노트북을 사용하고 규모가 있는 프로그램을 개발할 때는 Visual Studio Code를 주로 사용합니다. 본 도서에서는 아나콘다 배포판에 포함된 주피터 노트북 환경에서 파이썬 기초 문법을 설명합니다.

주피터 노트북

주피터 노트북은 웹브라우저를 이용해서 파이썬 코드를 작성할 수 있으며 추가로 문서화까지 가능한 파이썬 개발 환경입니다. 공부할 때 오답 노트를 만드는 것처럼 코드와 설명을 하나의 문서로 정리할 수 있고 한 번 얻어온 데이터를 계속해서 사용할 수 있어서 널리 사용되고 있습니다.

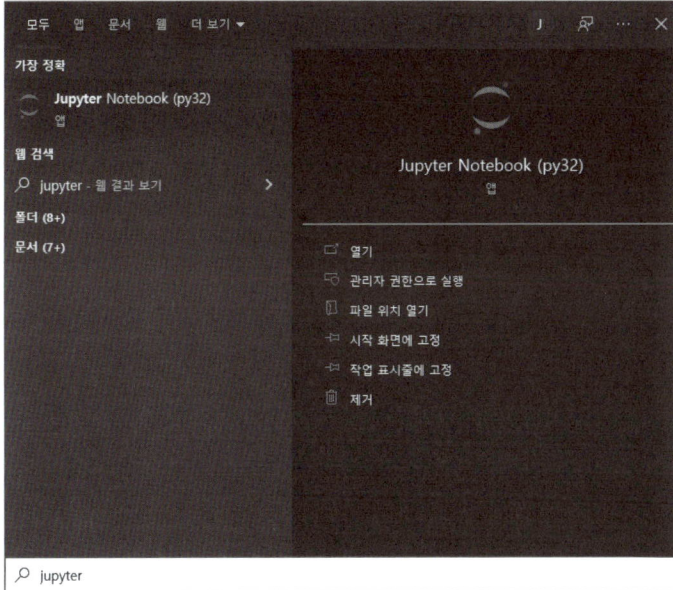

그림 1.3.1 주피터 노트북 실행 방법

주피터 노트북은 그림 1.3.1과 같이 윈도우 시작 메뉴에서 "Jupyter"를 검색해서 실행할 수 있습니다. 주피터 노트북을 실행하면 하나의 콘솔 창이 나타나는데 이 창을 닫지 말아야 그림 1.3.2의 주피터 노트북이 정상적으로 실행됩니다.

그림 1.3.2 주피터 노트북 실행 화면

이 책의 소스 코드 파일 역시 주피터 노트북 파일로 제공됩니다. 이 파일을 다운로드 받은 후 그림 1.3.2의 오른쪽 위 Upload 메뉴로 하나씩 전송할 수 있습니다. 하나씩 업로드하는 게 불편하다면 윈도우 탐색기에서 폴더 채로 업로드할 수도 있습니다. C:₩Users 폴더에는 그림 1.3.3과 같이 윈도우에 로그인한 유저의 폴더를 확인할 수 있습니다. 주피터 노트북은 유저 폴더를 기본 경로로 설정해서 처음 실행할 때 해당 폴더를 바라봅니다. 필자의 경우 C:₩Users₩jongh 폴더로 주피터 노트북 파일을 복사하면 그림 1.3.2의 주피터 노트북 실행 화면에서 해당 파일을 모두 확인할 수 있습니다.

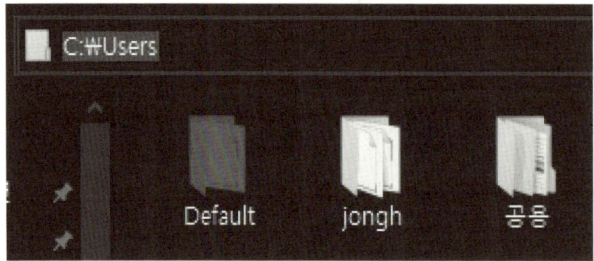

그림 1.3.3 주피터 노트북 기본 경로

실습을 위해 비어있는 노트북 파일을 만들어 봅시다. 그림 1.3.2의 오른쪽 위 "New" 메뉴를 클릭하고 "Python 3"를 선택해 주세요. 기본 웹브라우저에 새로운 탭이 생기고 그림 1.3.4의 무엇인가를 입력할 수 있는 창을 확인할 수 있습니다. 주피터 노트북에서 값을 입력할 수 있는 회색 영역을 셀이라고 부릅니다.

그림 1.3.4 주피터 노트북 셀

다음과 같이 코드를 입력하고 실행해 보겠습니다. print는 파이썬에 미리 정의된 기능으로 '함수'라고 부릅니다. 여러분들은 아마 엑셀을 사용할 때 이런 함수를 이미 사용해봤을 겁니다. 입력한 코드는 print 함수를 호출하여 Hello World 문자열을 화면에 출력합니다.

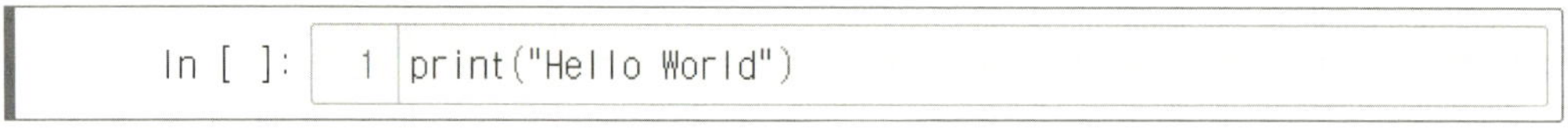

```
In [ ]:   1  print("Hello World")
```

그림 1.3.5 셀에 입력한 코드

주피터 노트북 상단에는 자주 사용하는 메뉴를 확인할 수 있습니다. 가운데 "Run" 메뉴를 누르면 커서가 위치한 셀을 파이썬 인터프리터가 해석하고 실행한 결과를 코드 아래쪽에 표시합니다.

그림 1.3.6 주피터 노트북 명령

본 도서에서는 주피터 노트북에 입력한 코드를 아래와 같이 표현합니다.

```
print("Hello World")
```

경우에 따라 코드와 실행 결과를 아래와 같이 함께 표시하기도 합니다. 〉〉〉는 코드와 실행 결과를 구분하기 위한 기호로 프롬프트라고 합니다. 여러분들은 〉〉〉 기호를 입력하지 않아야 합니다.

```
>>> print("Hello World")
"Hello World"
```

1.4 구글 코랩

구글 코랩

일부 회사는 보안 이슈 때문에 파이썬 프로그램을 설치할 수 없는 경우가 있습니다. 이럴 때는 구글 코랩을 사용하면 PC에 파이썬을 설치하지 않고도 파이썬을 사용할 수 있습니다. 구글 코랩은 구글이 제공하는 주피터 노트북과 같은 서비스입니다. 프로그램의 실행은 구글 클라우드에서 실행되며 간단한 머신러닝/딥러닝 학습에도 유용하게 사용할 수 있습니다. 한마디로 구글이 제공하는 원격 파이썬 개발 환경이라고 생각하면 됩니다.

시작하기

구글 아이디로 구글에 로그인 한 후 다음 주소로 접속합니다.

https://colab.research.google.com/?hl=ko

다음 화면에서 새노트를 클릭합니다.

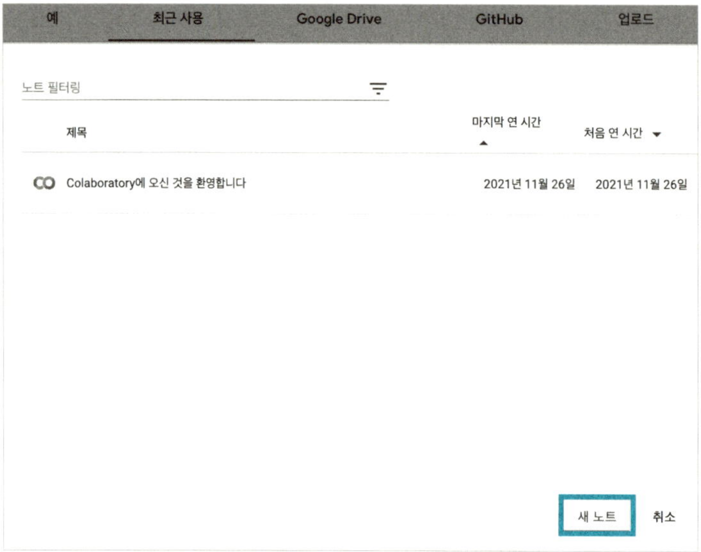

그림 1.4.1 구글 코랩 새노트

주피터 노트북이 실행되면 다음과 같이 입력 후 Shift + Enter 키를 누르면 해당 코드가 실행됩니다.

```
print("python3")
```

구글 코랩은 주피터 노트북과 비슷합니다. 구글 코랩에 대한 더 자세한 기능은 인터넷을 참고하시기 바랍니다.

1.5 실습 파일

깃허브

이 책에 관련된 주피터 노트북이나 소스 코드 파일은 깃허브 사이트를 통해 관리됩니다.

https://github.com/sharebook-kr/book-python-grammar

먼저 위 링크의 페이지로 이동한 후 Code 메뉴를 클릭한 후 Download ZIP을 클릭하면 압축 파일 형태로 파일을 다운로드 받을 수 있습니다.

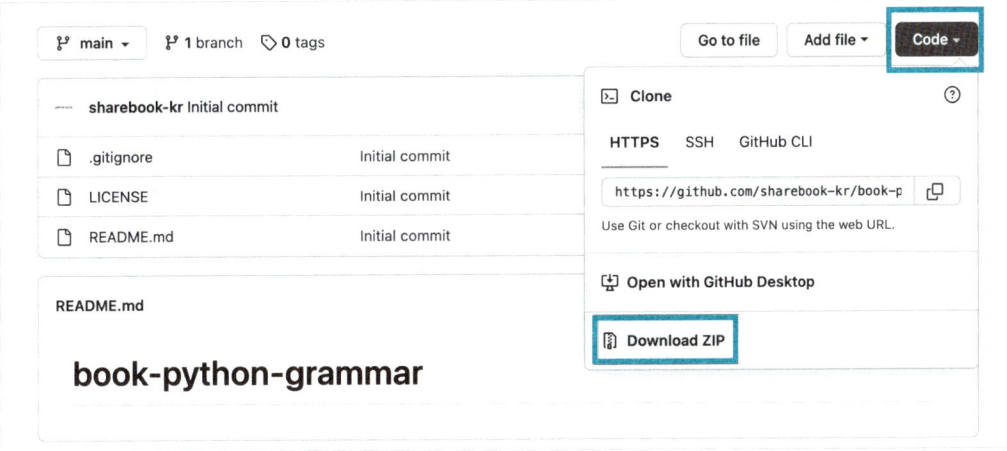

그림 1.5.1 깃허브 다운로드

압축을 해제한 후 주피터 노트북 파일의 경우 주피터 노트북의 기본 실행 경로로 복사하면 됩니다. 앞서 설명한 것처럼 윈도우에서는 C:\Users\아이디 경로가 주피터 노트북의 기본 경로입니다.

02

변수와 기본 자료형

이번 장에서는 변수의 개념과 파이썬의 기본 자료형에 관해 공부합니다.

2.1 기본 데이터 타입

2.2 파이썬과 변수

2.3 파이썬 문자열

2.4 문자열 주요 함수

2.5 문자열 포매팅

2.6 타입 변환

2.1 기본 데이터 타입

프로그래밍 언어의 데이터 구분

프로그래밍 언어에서 어떤 값은 크게 숫자와 문자로 구분할 수 있습니다. 숫자는 다시 정수와 실수로 구분할 수 있습니다. 0, 1, −1, 2, −2와 같은 수를 정수라고 하고 3.14와 같은 수를 실수라고 합니다. 문자 역시 한 글자인 문자와 여러 글자인 문자열로 구분할 수 있습니다. 예를 들어 'p'는 문자이고 'python'은 문자열입니다.

파이썬은 문자와 문자열을 구분히지 않습니다. 한 글자나 여러 글자의 문자를 모두 문자열로 처리합니다. 따라서 파이썬에서 사용하는 기본 데이터 타입은 정수, 실수, 문자열로 구분할 수 있습니다.

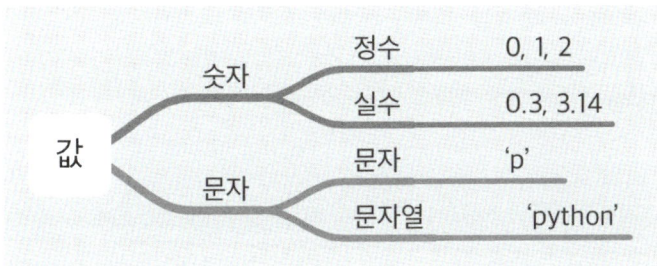

그림 2.1.1 값의 구분

파이썬의 숫자

파이썬의 숫자는 정수, 실수로 구분할 수 있습니다. 정수는 다시 양의 정수, 0, 음의 정수를 표현하며 int(integer) 타입이라고 부릅니다. 실수는 소수점을 표시할 수 있는 숫자로 float 타입이라고 합니다.

파이썬에 정의된 type 함수를 호출하면 어떤 값의 타입을 확인할 수 있습니다.

```
>>> type(1000)
int
```

원칙적으로 값을 출력할 때는 print 함수를 써야 합니다. 파이썬에게 1000을 출력하라는 명령은 다음과 같습니다.

```
>>> print(1000)
1000
```

매번 print를 입력하기 번거로울 수 있기 때문에 주피터 노트북은 값만 입력해도 값을 출력하는 편의 기능을 제공합니다. 파이참, Visual Studio Code와 같은 개발 환경에서는 반드시 print 함수를 넣어야 값이 출력됩니다. type을 출력하는 코드도 원래는 아래와 같이 입력해야 합니다.

```
print(type(1000))
```

몇 가지 수에 대해서 타입을 확인해봅시다.

```
>>> type(3.14)
float
>>> type(0)
int
>>> type(3)
int
```

사칙 연산

숫자 타입은 덧셈, 뺄셈, 곱셈, 나눗셈과 같은 기본 연산을 지원합니다. 파이썬에서 덧셈은 수학 시간에 배운 바와 같이 '+' 기호를 사용합니다. 숫자와 더하기 기호 사이에 공백은 가독성을 위해 넣었습니다. 공백을 추가하나 그렇지 않으나 실행 결과는 같습니다.

```
1000 + 2000
```

수학에서는 곱셈 기호로 ×를 사용하지만, 여러분이 사용하는 키보드에는 곱셈 기호가 존재하지 않습니다. 프로그래밍 언어에서 곱셈 기호는 별표 *를 사용하는데, 이를 애스터리스크(asterisk)라고 부릅니다. 다음 코드는 10×3의 결과를 출력합니다.

```
>>> 10 * 3
30
```

곱하기와 같은 이유로 나눗셈 기호는 /를 사용하며 슬래시(slash)라고 부릅니다. 다음 코드는 10 나누기 3을 계산한 결과를 출력합니다. 그런데 나눗셈 결과가 5로 끝나는 게 이상하죠? 연산 결과는 순환소수(repeating decimal)로 소수점 아래가 3으로 무한히 반복되는 숫자입니다. 하지만 컴퓨터는 무한대의 숫자를 일정 크기의 메모리 공간으로 표현하기 위해 일정 범위를 넘어가면 오차를 포함해서 표현합니다.

```
>>> 10 / 3
3.3333333333333335
```

파이썬에서 승수는 곱하기 기호 두 개(**)를 사용합니다. 다음 코드는 10의 3승을 계산합니다.

```
>>> 10 ** 3
1000
```

연산자 우선 순위

산수에서 사칙 연산은 우선순위가 있습니다. 곱셈과 나눗셈이 덧셈과 뺄셈보다 우선하지요? 만약 다음과 같은 코드를 실행하면 결과가 얼마일까요? 곱셈이 우선하기 때문에 먼저 3 * 2가 실행돼서 결괏값이 6이 되고 여기에 5가 더해져 최종값은 11이 됩니다.

```
>>> 5 + 3 * 2
```

11

파이썬 코드를 위와 같이 작성할 수도 있지만, 나중에 코드를 읽는 사람을 위해 우선순위를 괄호로 표현할 수 있습니다. 다음 코드는 괄호가 있기 때문에 3 * 2가 먼저 수행될 것을 한눈에 알 수 있습니다. 괄호를 사용하지 않더라도 곱셈이 우선하기 때문에 괄호를 사용하는 것과 같은 값이 출력됩니다.

```
5 + (3 * 2)
```

파이썬 문자열

앞서 파이썬은 문자와 문자열을 구분하지 않는다고 했습니다. 참고로 C언어는 문자와 문자열을 구분합니다. 파이썬은 글자 수에 상관없이 모두 문자열로 처리하는데, 파이썬의 문자열은 큰따옴표(")와 작은따옴표(')로 묶여 있는 문자를 의미합니다. 다음 코드는 파이썬 인터프리터가 모두 문자열로 해석합니다.

```
'그림으로 배우는 파이썬'
"그림으로 배우는 파이썬"
```

파이썬을 배우기 전에 다음 코드를 봤다면 숫자라고 답할 수 있지만, 따옴표로 묶여 있기 때문에 "1000"은 문자열입니다.

```
>>> "1000"
```

데이터 타입을 출력해 보면 string의 축약어인 str이 표시되는데 이는 문자열을 의미합니다.

```
>>> type("1000")
str
```

따옴표를 직접 출력해야 하는 경우가 있어서 문자열을 정의하는 방식이 두 가지입니다. 아포스트로피(apostrophe)와 같이 작은따옴표를 출력하고자 하는 경우, 큰따옴표로 문자열을 정의해야 파이썬 인터프리터가 올바르게 코드를 해석합니다.

```
"I'm a boy"
```

인용구를 포함하는 등 큰따옴표를 출력할 때는 작은따옴표로 문자열을 정의해야 합니다.

```
'철수가 소리쳤다. "으아악"'
```

표 2.1.1은 문자열의 예제입니다. 큰따옴표로 정의하나 작은따옴표로 정의하나 파이썬 인터프리터 입장에서는 차이가 없어서 'hello'와 "hello"는 같은 문자열입니다. "3"은 정수가 아니라 문자열임에 주의하세요.

표 2.1.1 파이썬의 문자열

문자열	설명
'hello'	작은따옴표
"hello"	큰따옴표
"3"	정수가 아니라 문자열
"I'd like to"	큰따옴표

다음 표는 데이터와 값의 타입을 보여 줍니다. 오로지 숫자만을 사용했다면 정수 또는 실수 타입입니다. 숫자라도 작은따옴표나 큰따옴표로 둘러싸여 있다면 문자열입니다.

표 2.1.2 데이터 타입

값	타입
3	int
'3'	str
3.14	float
"3.14"	str

문자열 연산

파이썬은 데이터 타입에 따라 다른 연산이 적용됩니다. 숫자 타입은 수치 연산의 결과를 반환하지만, 문자열은 문자열을 이어 붙입니다.

```
>>> "안녕" + "하세요"
"안녕하세요"
```

문자열과 숫자의 곱셈은 정의된 문자열을 숫자만큼 반복합니다.

```
>>> "안녕" * 3
"안녕안녕안녕"
```

문자열은 숫자와의 덧셈과 나눗셈은 지원하지 않아 TypeError를 출력합니다. 친절하게도 에러 메시지로 정수(int)와 문자열(str)의 나눗셈을 지원하지 않는다고 알려줍니다.

```
>>> "안녕" / 3
TypeError: unsupported operand type(s) for /: 'str' and 'int'
```

파이썬 주석

코드를 작성하다 보면 코드에 대한 설명을 추가하고 싶을 때가 있습니다. 이를 주석이라고 부릅니다. 파이썬에서 주석은 '#' 기호를 붙인 후 적어주면 됩니다. 인터프리터는 주석에 대해서 실행하지 않습니다. 단지 프로그래머가 코드에 대한 설명을 붙여둔 것입니다.

```
>>> # 이 줄은 주석입니다.
>>> type(3)      # 3에 대한 타입을 출력하는 코드
int
```

2.2 파이썬과 변수

변수(variable)

파이썬에서 변수는 어떤 값에 대한 이름표입니다. 숫자를 나열하는 것보다는 변수를 사용하면 코드의 의미를 쉽게 파악할 수 있습니다. 주식의 보유 수량과 현재가가 표 2.2.1과 같을 때 총 평가금액을 계산하는 경우를 예로 들어보겠습니다.

표 2.2.1 주식 보유 상태

종목	가격	보유수량
네이버	77000	3
셀트리온	292000	4
삼성증권	38350	4

총평가 금액은 곱하고 더하는 간단한 연산으로 표현할 수 있습니다.

```
(77000 * 3) + (292000 * 4) + (38350 * 4)
```

코드를 작성하는 당시에는 네이버, 셀트리온, 삼성증권의 평가금액을 더한다는 것을 알고 있지만 시간이 지나면 무엇을 하는 코드인지 헷갈리기 시작합니다. 다음과 같이 변수에 값을 저장하면, 코드의 재사용성이 높아지고 가독성이 좋아져서 한눈에 의미를 파악할 수 있습니다.

```
네이버 = 77000
셀트리온 = 292000
삼성증권 = 38350
평가금액 = (네이버 * 3) + (셀트리온 * 4) + (삼성증권 * 4)
```

위 코드는 그림 2.2.1과 같이 네이버라는 변수가 네이버 현재가를 가리키며, 셀트리온, 삼성증권 변수도 각각의 값을 가리킵니다.

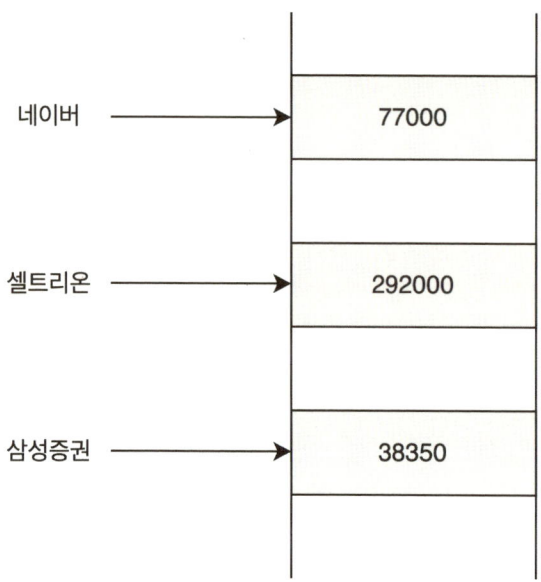

그림 2.2.1 변수와 데이터

파이썬에서 변수를 사용하는 방법을 알아봅시다. 변수를 정의할 때 좌변에는 변수의 이름, 우변에는 값을 넣습니다. 파이썬 인터프리터는 등호를 만나면 우변부터 해석합니다. 우변에 있는 값이 메모리에 할당되고 이 값의 메모리상의 위치를 변수가 가리킵니다. 파이썬에서 등호 (=)는 같다는 의미가 아니라 어떤 값을 가리키는 겁니다. 이를 다른 말로 바인딩(binding)한다고 합니다.

변수 이름 규칙

변수의 이름을 작명할 때는 다음 사항을 주의해야 합니다.

- **변수의 이름은** 대문자와 소문자를 구분
- **변수의 이름은** 영문(한글), 숫자, 언더스코어(_)만 사용
- **변수의 이름은** 숫자로 시작 불가

```
apple
Apple
```

변수는 값에 이름표를 붙여 둔 것과 같습니다. 따라서 값과 상관없는 이름표를 붙여 놓으면 코드를 이해하는데 혼란을 야기할 수 있습니다. 변수의 이름을 정할 때는 그 값을 잘 표현할 수 있는 영어 단어를 사용하는 게 좋습니다.

변수와 메모리

어떤 값을 자주 사용하면 값에 이름을 붙여두고 사용하면 편리한데 이를 변수라고 합니다. 즉, 변수는 자주 사용하는 값에 대한 이름표라고 생각할 수 있습니다. 값에 이름표를 붙여두고 값 자체가 아니라 이름을 통해 해당 값에 접근합니다.

```
아이스크림 = 1500
print(아이스크림 * 10)
```

위 코드가 실행되면 1500이라는 값이 메모리에 할당되고 이 값을 아이스크림이라는 변수가 바인딩 합니다.

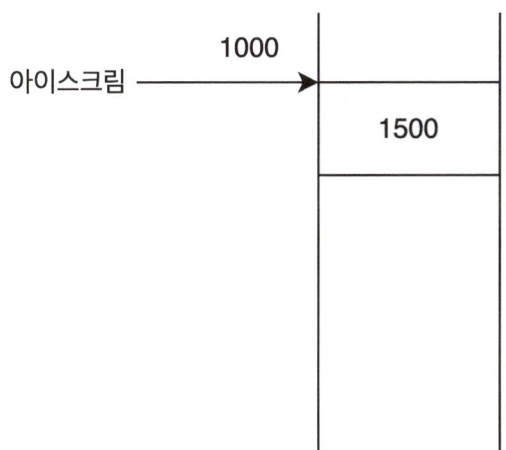

그림 2.2.2 변수와 값

변수가 자주 사용되는 어떤 값을 바인딩한다는 것의 실제 의미는 해당 값이 메모리에 위치하는 주소를 기억하는 겁니다. 예를 들어 그림 2.2.2에서 1500이라는 정숫값은 메모리의 1000번지에 할당되어 있고 이를 아이스크림이라는 변수가 가리키는 겁니다. 파이썬에서 변수가 바인딩하는 값의 실제 주소를 확인하려면 id 함수를 사용합니다. 실행하는 PC마다 메모리 상태가 다르기 때문에, 실행 환경에 따라 다른 값이 출력됩니다.

```
id(아이스크림)
```

어떤 프로그래밍 언어에서는 변수를 값을 저장할 수 있는 박스로 설명합니다. 하지만 파이썬은 값 자체를 저장하는 것이 아니라 값의 위치를 가리킵니다.

연습문제 [풀이 230p]

[1] 과자가 1,500이고 아이스크림이 1,000원일 때 과자 5개 아이스크림 7개를 샀을 때 총금액을 출력해보세요.

[2] 원/달러 환율이 1,290원일 때 $900에 대한 원화를 계산해보세요.

[3] K마트에서 월요일에 소고기가 100g당 10,000원이었습니다. 매일 전일 가격에서 10%씩 상승했다면 이틀 뒤인 수요일에는 얼마가 될까요?

2.3 파이썬 문자열

문자열의 중요성

일상생활 대부분의 데이터가 문자열이라서 파이썬의 문자열 처리는 매우 중요합니다. 그림 2.3.1은 네이버 금융 웹페이지에서 확인할 수 있는 가격정보입니다. 가격이라서 숫자인 것 같지만 콤마(,) 혹은 퍼센트(%)기호가 포함돼 있어서 이는 파이썬의 문자열로 인식됩니다. 이러한 문자를 읽어와서 수치 연산을 적용하려면 콤마를 제거하고 숫자로 변환하는 등의 전처리를 거쳐야 합니다. 파이썬의 다양한 문자열 처리 방법을 배워 봅시다.

상한가	하한가	상승	보합	하락	거래량상위	고가대비급락	시가총액상위

순위	연속	누적	종목명	현재가	전일비	등락률	거래량
1	1	1	정원엔시스	2,050	↑ 470	+29.75%	9,076,125
2	1	2	한중엔시에스	11,500	↑ 1,500	+15.00%	3,431
3	1	1	동일고무벨트	8,060	↑ 1,860	+30.00%	2,012,107
4	1	3	썬테크	6,850	↑ 890	+14.93%	156
5	2	2	삼성스팩6호	6,760	↑ 1,560	+30.00%	13,057,064

그림 2.3.1 네이버 금융

문자열 인덱싱

파이썬에서 문자열을 정의하면 내부적으로 그림 2.3.2와 같이 문자 하나하나에 인덱스(index)라고 불리는 숫자를 맵핑합니다. 문자열 위쪽에는 0부터 순차 증가하는 인덱스와 아래쪽에 -1부터 순차 감소하는 인덱스가 존재합니다. 일반적으로 프로그래밍 언어들은 인덱스가 0부터 시작합니다. 글자가 긴 경우 앞에서부터 순서를 세기 어렵기 때문에 음수 인덱스를 지원합니다.

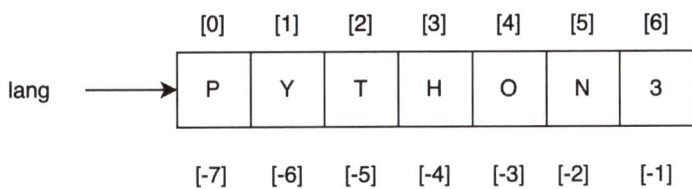

그림 2.3.2 문자열과 인덱스

파이썬에서 인덱스로 하나의 값을 선택하는 것을 인덱싱(indexing)이라고 합니다. 다음과 같이 변수에 대괄호와 함께 인덱스를 사용해서 인덱싱할 수 있습니다. lang[0]은 바인딩하는 문자열 중에서 첫 번째 글자 '하나'를 가져옵니다. 파이썬에서 인덱싱할 때 각 글자 위에 인덱스가 있다고 생각하면 쉽습니다.

```
lang = "PYTHON3"
print(lang[0])
```

lang에서 문자 'N'은 lang[5]으로도 인덱싱할 수 있고 음수를 사용해서 lang[-2]으로도 인덱싱할 수 있습니다. 본인이 편한 방법을 사용해서 데이터를 선택하면 됩니다.

문자열 슬라이싱

2022-06-21의 문자열에서 연도인 2022만 가져오려면 어떻게 해야 할까요? 이처럼 문자열에서 범위를 지정하여 문자열의 일부를 가져오는 것을 슬라이싱(slicing)이라고 합니다. 인덱싱이 한 글자를 가져왔다면 슬라이싱은 한 글자 이상을 가져올 수 있습니다. 슬라이싱을 위해서는 시작 인덱스와 끝 인덱스가 필요하며 둘을 구분하기 위해 대괄호 안에서 콜론(:)을 사용합니다.

```
문자열[시작인덱스: 끝인덱스]
```

간단한 예제를 통해서 슬라이싱을 이해해봅시다.

```
lang = "PYTHON3"
print(lang[0:6])
```

앞서 인덱싱은 문자 위에 번호가 있었다면 슬라이싱은 범위를 가져오기 때문에 글자 사이에 번호가 있다고 생각하면 쉽습니다. 인덱스 0이 첫 글자 왼쪽에 위치하며, 인덱스 -1이 가장 마지막 글자 왼쪽에 위치하는 것을 눈여겨보세요.

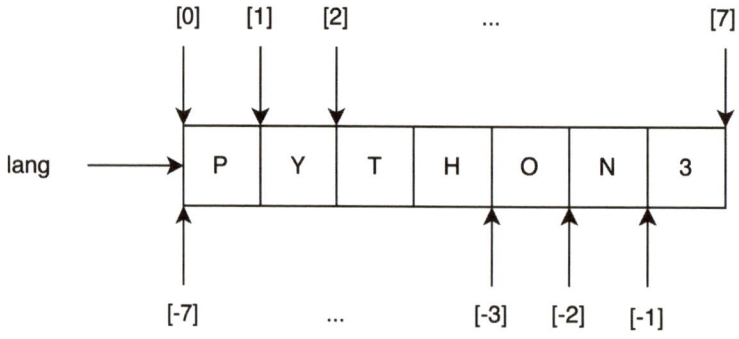

그림 2.3.3 문자열과 슬라이싱

문자열 슬라이싱을 사용하여 파이썬과 버전을 분리해봅시다. 다음 코드를 보면 시작 인덱스 부분에 숫자가 생략됐는데 이 경우 자동으로 0으로 간주합니다. 마찬가지로 끝 인덱스 부분에 인덱스를 생략하면 자동으로 문자열 끝으로 간주합니다. 이처럼 인덱스를 생략하면 더 편리하게 코드를 작성할 수 있습니다.

```
lang = "PYTHON3"
prog = lang[:6]
ver = lang[-1:]
```

슬라이싱에서 세 번째 값을 지정하면 증감 폭을 설정합니다. 다음 코드는 문자열의 처음부터 끝까지 두 개씩 건너뛰며 데이터를 가져옵니다.

```
print(lang[::2])
```

```
PT03
```

증감 폭에 -1을 지정하면 전체 데이터를 역순으로 가져옵니다.

```
print(lang[::-1])
```

연습문제 [풀이 230p]

[1] 아무개님의 주민등록번호는 801230-1234567입니다. 주민등록번호에서 연월일 (YYYYMMDD) 부분만 출력해보세요.

```
reg_num = " 801230-1234567 "
```

[2] 다음 차량 번호에서 끝의 번호 네 자리를 출력하세요.

```
car_num = " 12가 1234 "
```

[3] 다음 코드의 실행 결과를 예측하세요.

```
data = " ABC "
print(data[:][:][:][-1])
```

2.4 문자열 주요 함수

문자열 합치기

문자열과 문자열을 더하면 두 문자열을 이어 붙인 새로운 문자열이 생성됩니다.

```
year = "2022"
month = "06"
day = "21"
date = year + "-" + month + "-" + day
print(date)
```

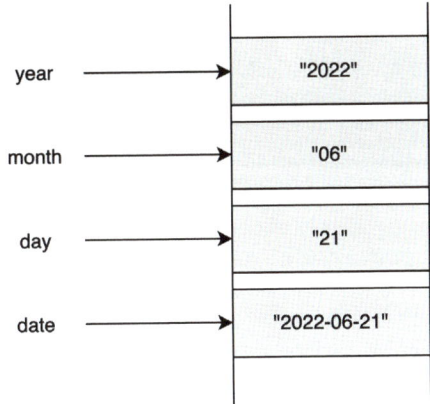

그림 2.4.1 문자열 바인딩

문자열 반복

문자열에 대해서 뺄셈(-)과 나눗셈(/) 연산자는 정의되어 있지 않습니다. 따라서 에러가 발생합니다. 문자열에 대해 숫자와의 곱셈 연산은 문자열의 반복을 의미합니다.

```
lang = "python"
lang * 3
```

```
'pythonpythonpython'
```

print 함수로 문자열을 출력할 때도 곱셈을 사용할 수 있습니다.

```
print("-" * 20)
```

대문자와 소문자

파이썬 문자열은 대문자로 변경하기 위한 upper와 소문자로 변경하는 lower 함수를 제공합니다. 이때 기존의 문자열이 변경되는 것이 아니라 대문자 또는 소문자의 새로운 문자열 객체가 리턴됩니다.

```
lang = "python3"
lang.upper()
```

```
'PYTHON3'
```

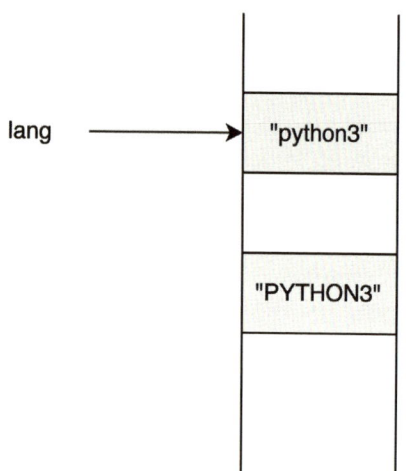

그림 2.4.2 대문자 변경

이번에는 대문자 문자열을 소문자로 변환해봅시다.

```
lang = "PYTHON3"
lang.lower()
```

```
'python3'
```

문자열 분리

문자열이 어떤 구분자가 있을 때 해당 구분자를 기준으로 문자열을 분할 수 있습니다. 예를 들어 날짜의 경우 하이픈으로 연결되어 있는데 이를 기준으로 분리할 수 있습니다. 문자열을 구분자를 기준으로 분리할 때는 split 함수를 사용합니다.

```
date = "2022-06-21"
date.split('-')
```

문자열 변경

정수, 실수, 문자열은 값을 변경할 수 없는 타입입니다. 따라서 다음과 같이 문자열의 일부 글자를 변경하면 에러가 발생합니다.

```
lang = "Python3"
lang[6] = '4'
```

```
TypeError: 'str' object does not support item assignment
```

문자열은 한 번 생성되면 변경할 수 없기 때문에 슬라이싱이나 replace 함수를 사용하여 기존 문자열은 그대로 두고 새로운 문자열을 생성해야 합니다. 'Python3'을 'Python4'로 변경하기 위해 replace 함수를 사용합니다.

```
lang = "Python3"
lang2 = lang.replace('3', '4')
lang2
```

또는 슬라이싱을 통해 'Python4'로 변경할 수도 있습니다.

```
lang = "Python3"
lang2 = lang[:6] + '4'
lang2
```

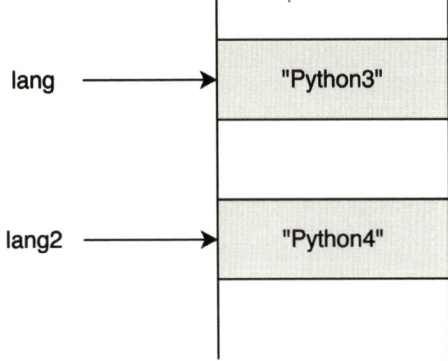

그림 2.4.3 문자열 바인딩 예

문자열에서 콤마를 제거할 때도 replace 함수를 사용하면 됩니다.

```
price = "1,000,000"
price = price.replace(",", "")
print(price)
```

문자열의 길이와 공백 제거

문자열의 길이는 len 내장함수로 알 수 있습니다.

```
date = "2022-06-21"
print(len(data))
```

문자열에 공백이 있는 경우 strip 함수로 쉽게 제거할 수 있습니다. 이 역시 기존 문자열에서 공백이 제거되는 것이 아니라 새로운 공백이 제거된 새로운 문자열이 생성되고 이를 변수가 다시 바인딩합니다.

```
lang = "   Python3.   "
lang = lang.strip()
```

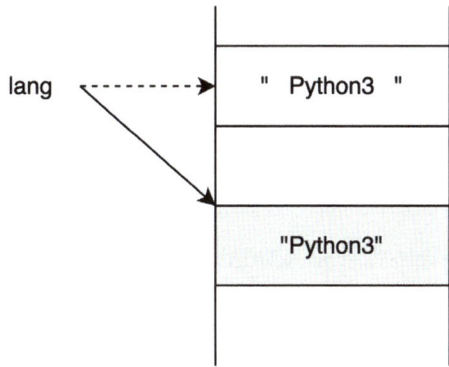

그림 2.4.4 새로운 문자열 바인딩

연습문제

[풀이 231p]

[1] a라는 변수가 'hello world'라는 문자열을 바인딩하고 있을 때 a의 값을 'hi world'로 변경해보세요.

[2] " 2022/06/21 "에서 공백을 제거하고 '/'를 '-'로 변경하여 "2022-06-21"로 변경해보세요.

2.5 문자열 포매팅

문자열 포매팅

파이썬은 복잡한 문자열 출력을 위해 C언어 스타일의 문자열 포매팅을 지원합니다. 다음 코드에서 %d 는 정수, %s 는 문자열, %f 는 실수를 의미합니다. % 기호로 시작하는 형식 지정 문자열에 지정된 타입의 값이 전달되어 하나의 문자열이 됩니다. name, score, average라는 여러 값을 전달하기 위해 괄호로 표현했는데 이는 뒤에서 배우게 될 튜플을 의미합니다.

```
name = "철수"
score = 290
average = 290/3
```

```
print("%s의 총점은 %d, 평균은 %f입니다. " % (name, score, average))
```

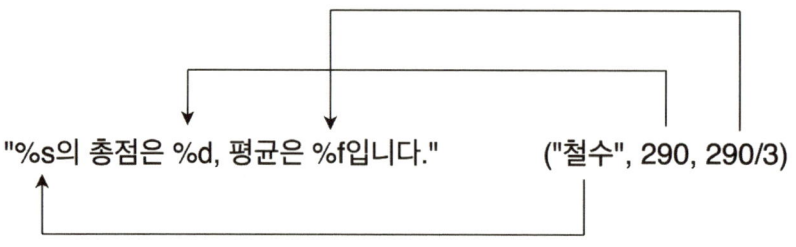

그림 2.5.1 형식 지정 문자열 동작 원리

파이썬 3부터는 문자열의 format 메서드를 사용하여 복잡한 문자열을 표현할 수 있습니다. 이 경우 문자열 내로 값이 전달될 위치를 지정하기 위해 { } 기호를 사용합니다. 데이터 타입에 상관없이 동일한 기호인 { }를 사용하기 때문에 편리합니다.

```
name = "철수"
score = 290
average = 290/3
print("{}의 총점은 {}, 평균은 {}입니다. ".format(name, score, average))
```

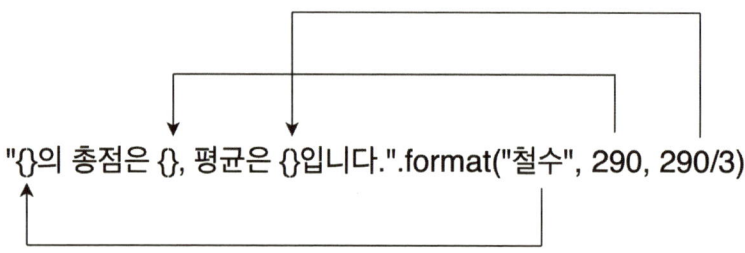

그림 2.5.2 문자열 format 메서드 동작 원리

문자열 포매팅을 위한 세 번째 방법은 파이썬 3.6부터 지원하는 f-string을 사용하는 겁니다. f-string은 단어 그대로 문자열 앞에 f를 붙인 문자열입니다. f-string을 사용하는 경우 { } 안에 변수를 바로 사용할 수 있습니다. 그 때문에 변수의 개수가 많은 경우 기존의 format 메서드에 비해 코드가 짧고 가독성이 좋습니다.

```
name = "철수"
score = 290
average = 290/3
print(f"{name}의 총점은 {score}, 평균은 {average}입니다.")
```

지금까지 세 가지 방식의 문자열 포매팅에 대해 살펴봤습니다. 모두 동일한 기능을 하지만 f-string 방식이 가장 편리합니다. 파이썬 3.6 이상을 사용한다면 f-string을 사용하여 복잡한 문자열의 포매팅을 하는 것을 권장합니다.

f-string

다음 코드는 암호화폐인 비트코인과 도지코인의 심볼(symbol)과 현재가를 f-string을 사용하여 출력하는 코드입니다.

```
btc_symbol = "BTC/KRW"
btc_price = 28300000

doge_symbol = "DOGE/KRW"
doge_price = 193

print(f"암호화폐: {btc_symbol} 현재가: {btc_price}")
print(f"암호화폐: {doge_symbol} 현재가: {doge_price}")
```

출력 결과를 살펴보면 값이 정렬되지 않은 상태로 출력됩니다.

```
암호화폐: BTC/KRW 현재가: 28300000
암호화폐: DOGE/KRW 현재가: 193
```

데이터가 표현될 기본 자릿수를 10칸으로 지정하고 우측 정렬을 위해서는 {변수: >10} 이라고 적어주면 됩니다. 천 단위에서 쉼표를 표시하려면 {변수: ,} 라고 적어주면 됩니다.

```
btc_symbol = "BTC/KRW"
btc_price = 28300000

doge_symbol = "DOGE/KRW"
doge_price = 193

print(f"암호화폐: {btc_symbol: >10} 현재가: {btc_price: >10,}")
print(f"암호화폐: {doge_symbol: >10} 현재가: {doge_price: >10,}")
```

이번에는 데이터가 정렬된 형태로 출력된 것을 확인할 수 있습니다.

```
암호화폐:    BTC/KRW 현재가: 28,300,000
암호화폐:   DOGE/KRW 현재가:        193
```

실수를 다루는 경우 소수점 아래는 정해진 자릿수로 끊어서 표시하는 경우가 많습니다. 이 경우 다음과 같이 전체 자릿수 및 소수점 아래 자릿수를 지정하면 됩니다.

```
a = 3.141592
mystr = f"{a: 6.2f}"          # mystr = "  3.14"
print(mystr)
```

2.6 타입 변환

타입 변환

파이썬은 정수, 실수, 문자열이라는 세 가지의 기본 데이터 타입을 제공합니다. 각 타입은 서로 다른 타입을 변경될 수 있는데 이를 타입 변환이라고 합니다.

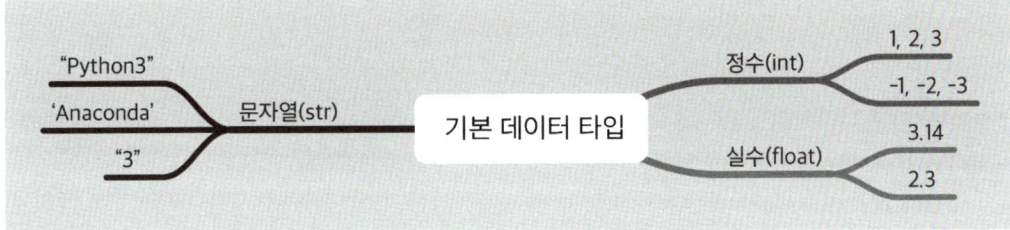

그림 2.6.1 파이썬 기본 데이터 타입

다음 코드에서 year는 문자열 "2022"를 바인딩합니다. year가 문자열이기 때문에 정수와 더하거나 뺄 수 없습니다. 이런 경우에 문자열을 정수 타입으로 변환 후 연산을 수행하면 됩니다.

```
year = "2022"
year + 1   # 에러
```

파이썬에서 타입을 변경하려면 변경하고자 하는 타입을 적어주면 됩니다. 다음 코드는 문자열 '2022'를 숫자 2022로 변경합니다.

```
year = "2022"
year2 = int(year)
```

형 변환에서 가장 많이 에러가 발생하는 경우가 금액을 쉼표가 있는 문자열로 표현한 후 이를 정수로 형 변환하는 경우입니다.

```
money = "1,000,000"
int(money)
```

위 코드를 실행하면 다음과 같은 에러가 발생합니다.

```
ValueError: invalid literal for int() with base 10: '1,000,000'
```

정상적으로 형 변환하려면 먼저 문자열에서 콤마를 제거한 후 형 변환하면 됩니다.

```
money = "1,000,000"
money2 = money.replace(',', '')    # "1,000,000" -> "1000000"
int(money2)
```

반대로 정수형을 문자열로 변환해야 하는 경우도 종종 발생합니다. 이 경우 str(정수)와 같이 적어두면 정수가 문자열 타입으로 변환합니다.

```
year = 2022
date = str(year) + "-06-19"
print(date)
```

정수와 실수 역시 서로 다른 타입으로 변경할 수 있습니다. 정수를 실수로 변환하려면 float(정수)라고 적어줍니다.

```
num = 10
num2 = float(num)
print(num2, type(num2))
```

반대로 실수를 정수로 변경하려면 int(실수)라고 적어주면 됩니다. 다만 이 경우 소수점은 버려지고 정수로 변환됨에 주의해야 합니다.

```
num = 10.5
int(num)
```

03

자료구조

이번 장에서는 파이썬이 제공하는 기본 자료구조에 관해 공부합니다.

3.1 리스트

3.2 튜플

3.3 딕셔너리

3.4 이차원 데이터

3.1 리스트

파이썬 자료구조

어떤 값을 효율적으로 표현하기 위해 프로그래밍 언어에서는 타입을 사용합니다. 마찬가지로 여러 개의 데이터를 다루는데 필요한 기술을 자료구조(Data Structure)라고 부릅니다. 파이썬은 C언어와 달리 파이썬 언어 자체에서 자료구조를 제공합니다. C언어에서는 프로그래머가 직접 자료구조를 구현해야 했지만, 파이썬은 기본 자료구조가 제공되기 때문에 더 쉽게 프로그램을 작성할 수 있습니다. 파이썬에는 리스트(list), 튜플(tuple), 딕셔너리라는 세 가지의 기본 자료구조가 제공됩니다.

파이썬 리스트

첫 번째로 배울 자료구조는 파이썬 리스트입니다. 파이썬 리스트는 순서가 있고 수정할 수 있는 자료구조입니다. 기차 좌석을 생각하면 자리마다 번호가 있고 중간에 내릴 수도 있습니다. 파이썬 리스트는 기차의 특성과 비슷한 자료구조입니다.

여러분들이 세 종류의 아이스크림을 표현하고자 할 때 다음과 같이 여러 개의 변수를 사용할 수 있습니다.

```
아이스크림1 = "월드콘"
아이스크림2 = "메로나"
아이스크림3 = "스크류바"
```

이를 그림으로 표현해보면 다음과 같습니다.

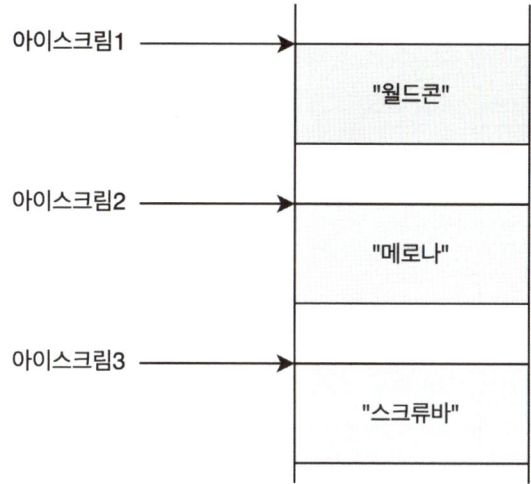

그림 3.1.1 변수로 값 바인딩

데이터의 개수가 몇 개 되지 않는다면 위와 같이 각 값을 별도의 변수로 바인딩할 수도 있습니다. 하지만 데이터의 개수가 많은 경우 다른 방법이 필요해 보입니다. 파이썬 리스트를 사용하면 위 코드를 다음과 같이 간단히 작성할 수 있습니다.

아이스크림 = ["월드콘", "메로나", "스크류바"]

파이썬 코드에서 기본적으로 등호가 있으면 오른쪽을 먼저 해석합니다. 오른쪽에 대괄호([ ])는 리스트를 나타냅니다. 리스트 안에 세 개의 문자열이 있고 각각은 순서가 있습니다. 리스트 안의 각 원소를 구분하기 위해 중간에 쉼표를 사용합니다. 첫 번째가 월드콘이고 두 번째가 메로나, 세 번째가 스크류바입니다. 세 개의 문자열을 담고 있는 파이썬 리스트를 아이스크림이라는 변수가 바인딩합니다. 이처럼 여러 데이터를 리스트로 표현한 경우 변수를 더 적게 사용할 수 있으며 뒤에서 배울 반복문도 적용할 수 있습니다.

파이썬 리스트는 메모리에 어떻게 표현될까요? 아이스크림은 파이썬 리스트를 바인딩합니다. 리스트의 0번은 월드콘을, 리스트의 1번은 메로나를, 리스트의 2번은 스크류바라는 문자열을 바인딩합니다.

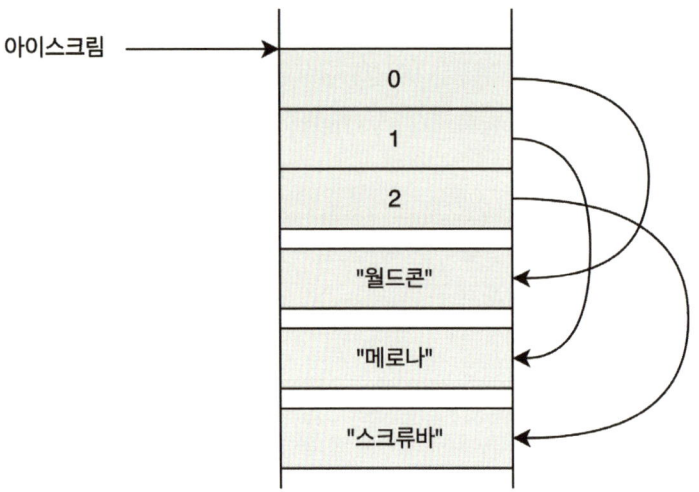

그림 3.1.2 파이썬 리스트

리스트 인덱싱

순서가 있는 자료구조는 문자열처럼 인덱싱할 수 있습니다. 파이썬 리스트는 순서가 있으므로 정숫값으로 인덱싱할 수 있습니다. 다음 코드를 살펴보면 아이스크림의 0번, 1번은 정상적으로 인덱싱되지만, 3번은 존재하지 않기 때문에 에러가 발생합니다.

```
아이스크림 = ["월드콘", "메로나", "스크류바"]

print(아이스크림[0])    # 인덱싱 기능의 대괄호
print(아이스크림[1])    # 인덱싱 기능의 대괄호
print(아이스크림[3])    # 인덱싱 에러
```

인덱싱할 때는 리스트에 다음과 같이 데이터가 저장되어 있다고 간단히 표현하면 더 쉽습니다. 파이썬은 0부터 인덱싱하기 때문에 첫 번째 데이터가 0번에 위치합니다.

[0]	[1]	[2]
"월드콘"	"메로나"	"스크류바"

그림 3.1.3 파이썬 리스트 인덱싱

리스트 슬라이싱

문자열 슬라이싱과 마찬가지로 리스트도 시작 인덱스와 끝 인덱스를 통해 슬라이싱 할 수 있습니다. 슬라이싱을 하는 경우 각 원소 사이 사이에 인덱스가 있다고 생각하면 쉽습니다.

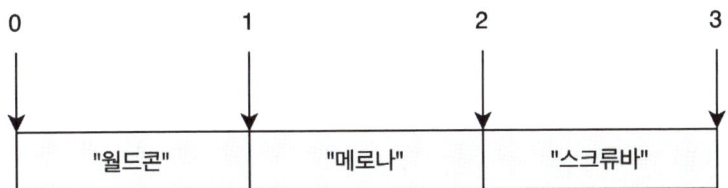

그림 3.1.4 파이썬 리스트 슬라이싱

다음 코드를 실행해보고 결과를 확인해봅시다.

```
아이스크림 = ["월드콘", "메로나", "스크류바"]

print(아이스크림[0:2])
print(아이스크림[1:3])
```

리스트 수정

파이썬 리스트는 수정할 수 있는 자료구조입니다. 인덱싱을 통해 새로운 값을 바인딩하면 리스트가 수정됩니다. 다음은 스크류바를 빵빠레로 수정하는 코드입니다.

```
아이스크림 = ["월드콘", "메로나", "스크류바"]

아이스크림[2] = "빵빠레"
print(아이스크림)
```

다음 코드를 해석해봅시다. 등호가 있으니 오른쪽을 먼저 해석합니다. 메모리에 "빵빠레"라는 문자열이 할당되고 이 문자열을 리스트의 2번 공간이 바인딩하게 됩니다. 스크류바 문자열은 더 이상 참조되지 않기 때문에 자동으로 메모리에서 삭제됩니다.

```
아이스크림[2] = "빵빠레"
```

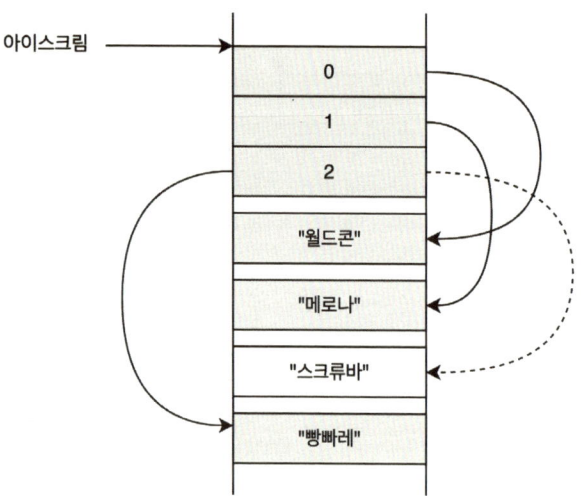

그림 3.1.5 파이썬 리스트 수정

리스트 추가

파이썬 리스트는 리스트를 잘 조작하기 위한 몇 가지 함수를 제공합니다. 비어 있는 리스트를 만든 후 append 함수를 호출하면 리스트의 끝에 원소를 추가합니다.

```
버킷리스트 = []

버킷리스트.append("파이썬 배우기")
버킷리스트.append("책 집필")
print(버킷리스트)
```

리스트 삽입

append 함수는 리스트의 끝에 원소를 추가합니다. 특정 위치에 원소를 삽입하려면 insert 함수를 사용합니다.

```
리스트.insert(인덱스, 원소)
```

다음 코드를 실행하고 결과를 확인해봅시다. insert를 할 때 원소 사이 사이에 번호가 할당된다고 생각하면 '책 집필'과 '자격증 공부' 사이가 2번입니다. 따라서 그사이에 '해외여행'이라는 문자열이 삽입됩니다.

```
버킷리스트 = ["파이썬배우기", "책집필", "자격증공부"]
버킷리스트.insert(2, "해외여행")
print(버킷리스트)
```

그림으로 그려보면 다음과 같습니다.

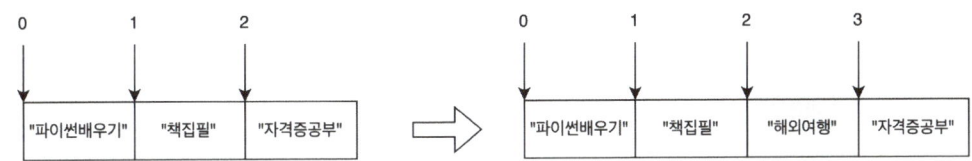

그림 3.1.6 파이썬 리스트 추가

리스트 원소 삭제

리스트의 특정 위치의 원소를 삭제할 수 있습니다. 리스트에서 원소 삭제는 인덱스를 사용해서 수행됩니다. append와 insert 함수와 달리 삭제는 del이라는 키워드를 사용합니다.

```
del 리스트[인덱스]
```

```
버킷리스트 = ["파이썬배우기", "책집필", "해외여행", "자격증공부"]
del 버킷리스트[2]
print(버킷리스트)
```

리스트에서 원소가 삭제되면 그 뒤에 위치하는 원소들이 앞으로 이동하게 됩니다.

그림 3.1.7 파이썬 리스트 원소 삭제

리스트 확장

두 개의 리스트가 있을 때 첫 번째 리스트에 두 번째 리스트를 연결하여 확장하려면 extend 함수를 사용합니다.

```
num1 = [1, 2, 3]
num2 = [4, 5, 6]
num1.extend(num2)
print(num1)
```

```
[1, 2, 3, 4, 5, 6]
```

리스트의 최댓값과 최솟값

max와 min이라는 내장 함수를 사용하면 파이썬 리스트의 최댓값과 최솟값을 얻을 수 있습니다.

```
시세 = [47000, 46800, 45800, 47750, 47850]
최댓값 = max(시세)
최솟값 = min(시세)
```

```
print(최댓값, 최솟값)
```

리스트 정렬

리스트에 여러 원소가 있을 때 이를 오름차순 또는 내림차순 순으로 정렬할 수 있습니다. sorted 내장 함수는 원본은 그대로 유지하고 오름차순으로 정렬된 리스트를 반환합니다.

```
price = [533, 504, 498, 506, 489]
price1 = sorted(price)
print(price1)
```

내림차순으로 정렬하려면 sorted 함수에서 reverse=True라고 적어줍니다.

```
price = [533, 504, 498, 506, 489]
price2 = sorted(price, reverse=True)  # 내림차순 정렬
print(price2)
```

리스트를 정렬하는 두 번째 방법은 sort 함수를 사용하여 원본 리스트 자체를 정렬하는 겁니다.

```
price = [533, 504, 498, 506, 489]
price.sort( )
print(price)
```

리스트 연결

두 리스트를 덧셈 연산자로 더하면 두 개의 리스트를 연결하여 새로운 리스트를 생성합니다.

```
과자 = ["치토스", "썬칩", "양파링"]
```

```
아이스크림 = ["구구콘", "메로나", "비비빅"]
구매품목 = 과자 + 아이스크림
print(구매품목)
```

인덱스 찾기

리스트에 어떤 원소가 몇 번째 있는지 알아야 하는 경우가 있습니다. 이때 사용하는 함수가 index입니다. 예를 들어, 원소를 삭제하려면 del 리스트[인덱스] 형태로 코딩하는데 이때 원소가 위치하는 인덱스가 필요합니다.

```
과자 = ["치토스", "썬칩", "양파링"]
과자.index("양파링")
```

만약 원소가 리스트에 존재하지 않는 경우는 ValueError가 발생합니다.

```
과자 = ["치토스", "썬칩", "양파링"]
과자.index("포카칩")
```

연습문제 [풀이 231p]

[1] 다음은 네이버 금융에서 조회한 삼성전자의 일별 시세입니다. 종가를 리스트로 표현한 후 평균을 계산하세요.

날짜	종가	전일비	시가	고가	저가	거래량
2022.06.17	59,600	▼ 1,300	59,400	59,900	59,400	18,802,132
2022.06.16	60,900	▲ 200	61,300	61,800	60,500	23,394,895
2022.06.15	60,700	▼ 1,200	61,300	61,500	60,200	26,811,224
2022.06.14	61,900	▼ 200	61,200	62,200	61,100	24,606,419
2022.06.13	62,100	▼ 1,700	62,400	62,800	62,100	22,157,816

[2] 최근 5주간의 휘발유 가격을 리스트로 구성하고 최댓값과 최솟값을 출력해보세요.

기간	가격
2월 4주	1463
3월 1주	1483
3월 2주	1498
3월 3주	1517
3월 4주	1530

3.2 튜플

파이썬 튜플

두 번째로 배워볼 자료구조는 파이썬 튜플(tuple)입니다. 튜플은 순서가 있고 수정은 불가능한 자료구조입니다. 파이썬 리스트는 순서가 있고 수정도 가능했는데 튜플과는 수정 가능 여부에 차이가 있습니다.

필자는 리스트와 튜플의 차이를 설명할 때 기차와 비행기를 예로 사용합니다. 기차와 비행기 모두 좌석에 번호가 있습니다. 하지만 기차는 중간 정차역에서 내린 후 다른 사람이 자리에 앉을 수도 있습니다. 이와 달리 비행기는 출발지에서 목적지까지 자리를 변경할 수 없습니다.

자료구조 내의 데이터들이 변경되지 않는 경우라면 메모리를 절약하기 위해 튜플을 사용하는 것이 좋습니다. 만약 데이터 변경 여부가 명확하지 않다면 리스트를 사용하면 됩니다. 다음 표는 리스트와 튜플을 비교한 것입니다.

표 3.2.1 리스트와 튜플 비교

항목	리스트	튜플
기호	[ ]	( )
변경	수정 가능	수정 불가능
인덱싱	지원	지원
슬라이싱	지원	지원
추가/삽입/삭제	지원	미지원
순서	있음	있음

튜플 생성

튜플은 한 번 생성하면 그 안의 원소의 값을 변경할 수 없습니다. 튜플의 생성은 괄호 기호를 사용하고 원소와 원소 사이는 쉼표로 구분합니다.

```
시세 = (533, 504, 498, 506, 489)
print(시세)
print(type(시세))
```

```
(533, 504, 498, 506, 489)
<class 'tuple'>
```

튜플 인덱싱과 슬라이싱

튜플은 순서가 있기 때문에 인덱싱과 슬라이싱 할 수 있습니다. 인덱싱과 슬라이싱은 리스트와 동일합니다.

```
시세 = (533, 504, 498, 506, 489)
print(시세[0])
print(시세[1])
```

슬라이싱은 원소 사이에 0부터 시작하는 번호가 있다고 생각하면 쉽습니다. 튜플의 기호는 괄호이지만 인덱싱과 슬라이싱 할 때는 대괄호 기호를 사용합니다. 대괄호는 리스트를 생성할 때도 사용되지만 인덱싱과 슬라이싱할 때도 사용됩니다.

```
print(시세[0:2])
```

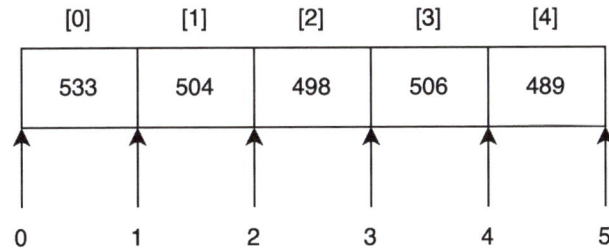

그림 3.2.1 튜플 인덱싱과 슬라이싱

튜플 수정

튜플은 수정 불가능합니다. 따라서 다음과 같은 코드는 에러가 발생합니다. 튜플은 수정 불가능하기 때문에 같은 양의 데이터를 리스트로 표현하는 것보다 더 적은 메모리를 사용합니다.

```
시세 = (533, 504, 498, 506, 489)
시세[0] = 100    # 에러
```

리스트와 튜플의 형변환

데이터를 리스트로 표현했는데 수정할 필요가 없는 경우 이를 튜플로 변환할 수 있습니다. 반대로 튜플로 표현된 데이터의 수정이 필요하다면 리스트로 타입을 변환할 수 있습니다. 파이썬에서 형 변환은 기본적으로 변화하고자 하는 타입의 이름을 적어줍니다. 다음 코드는 리스트를 튜플로 튜플을 리스트로 형 변환하는 코드입니다.

```
mylist = [1, 2, 3]
result1 = tuple(mylist)  # 리스트를 튜플로


mytuple = (1, 2, 3)
result2 = list(mytuple)
```

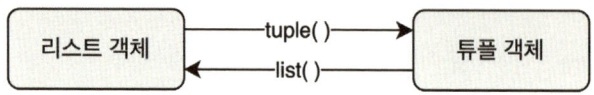

그림 3.2.2 튜플 리스트 형 변환

3.3 딕셔너리

표에 대한 데이터 표현

다음 표는 필자가 좋아하는 아이스크림과 가격을 보여줍니다.

표 3.3.1 아이스크림 가격표

아이스크림 이름	가격
월드콘	2000
메로나	1000
스크류바	800

위 표를 리스트나 튜플로 표현하는 것을 생각해봅시다. 가장 쉬운 방법은 아이스크림 이름과 가격을 별도의 리스트나 튜플로 저장하는 겁니다.

```
아이스크림 = ["월드콘", "메로나", "스크류바"]
가격 = [2000, 1000, 800]
```

리스트나 튜플로 데이터를 표현할 때 한 가지 아쉬운 점이 있습니다. 그것은 가격 리스트를 봤을 때 2,000이라는 값이 어떤 아이스크림의 가격인지 한 번에 알기 어렵습니다. 물론 아이스크림 리스트를 보고 첫 번째 아이스크림이 월드콘이므로 2,000이라는 가격이 월드콘 가격임을 유추할 수는 있습니다. 파이썬 딕셔너리 자료구조를 사용하면 이런 문제를 해결할 수 있습니다.

딕셔너리 생성

파이썬 딕셔너리는 어떤 값과 그 값에 대한 레이블(label)을 동시에 저장할 수 있는 자료구조입니다. 레이블을 key라고 하고 값을 value라고 부릅니다. 딕셔너리 안의 한 원소는 key와 value의 쌍으로 구성됩니다. 한 원소 내에서 key와 value의 구분을 위해 콜론(:) 기호가 사용되며 원소와 원소는 쉼표를 사용해서 구분합니다.

이번에는 앞서 아이스크림 데이터를 딕셔너리로 표현해 보겠습니다. 리스트와 달리 딕셔너리 안에 값(아이스크림 가격)과 레이블(아이스크림 이름)이 한 번에 표현된 것을 알 수 있습니다. 딕셔너리의 기호는 중괄호({})입니다. 딕셔너리로 표현된 데이터는 쉼표로 원소가 구분되고 원소에서 key와 value는 콜론으로 구분된다는 규칙만 안다면 사람도 매우 쉽게 데이터의 의미를 파악할 수 있습니다. 딕셔너리를 생성할 때 한 가지 주의할 점은 key는 중복될 수 없다는 점입니다. 네이버나 다음 사이트에서 아이디를 중복하여 생성할 수 없는 것처럼 딕셔너리의 key는 유일해야 합니다.

```
아이스크림 = {
    "월드콘": 2000,
    "메로나": 1000,
    "스크류바": 800
}
```

딕셔너리 인덱싱

딕셔너리는 리스트나 튜플과 달리 저장된 원소 간에 순서가 없습니다. 따라서 정숫값으로 인덱싱할 수 없습니다. 대신 딕셔너리의 key 값을 통해서 value 값을 얻을 수 있습니다.

```
아이스크림 = {
    "월드콘": 2000,
    "메로나": 1000,
    "스크류바": 800
}

print(아이스크림["월드콘"])
```

딕셔너리에 인덱싱할 때 존재하지 않는 key 값을 사용하면 에러가 발생합니다. 이런 문제를 회피하려면 get 함수를 사용하면 됩니다. get 함수는 key가 존재하면 key의 value 값을 리턴하고 key가 존재하지 않으면 None이라는 값을 리턴합니다. 여기서 None은 아무 값도 없는 것을 의미합니다.

```
아이스크림 = {
    "월드콘": 2000,
    "메로나": 1000,
    "스크류바": 800
}

print(아이스크림.get("월드콘"))
print(아이스크림.get("메로나"))
```

딕셔너리를 그림으로 그려보면 다음과 같습니다. 딕셔너리 이름은 딕셔너리 key의 시작 부분을 바인딩합니다. key는 자신의 value를 바인딩합니다.

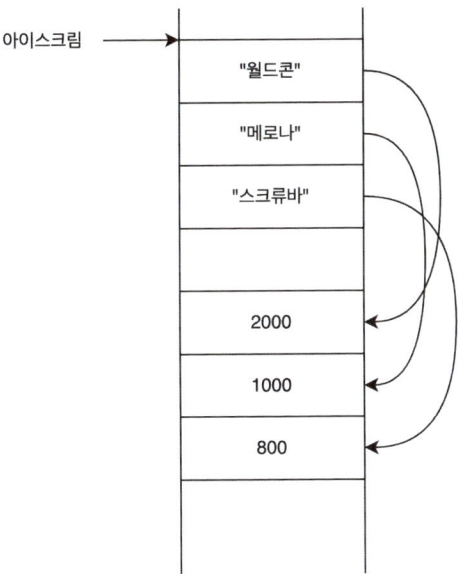

그림 3.3.1 딕셔너리

딕셔너리 수정

딕셔너리에 저장된 value는 다음과 같이 수정할 수 있습니다.

```
딕셔너리[키] = 새로운 값
```

아이스크림 중 월드콘의 금액을 2,000원에서 2,500으로 변경해봅시다.

```
아이스크림["월드콘"] = 2500
```

등호를 기준으로 오른쪽을 먼저 실행합니다. 2,500이라는 값이 메모리에 올라가고 이를 '월드콘'이라는 key가 바인딩합니다. 월드콘은 기존에 2,000이라는 값을 바인딩했는데 그 대신 2,500이라는 값을 바인딩하게 됩니다. 2,000이라는 정숫값은 아무도 자신을 참조하지 않으므로 얼마 후 삭제됩니다.

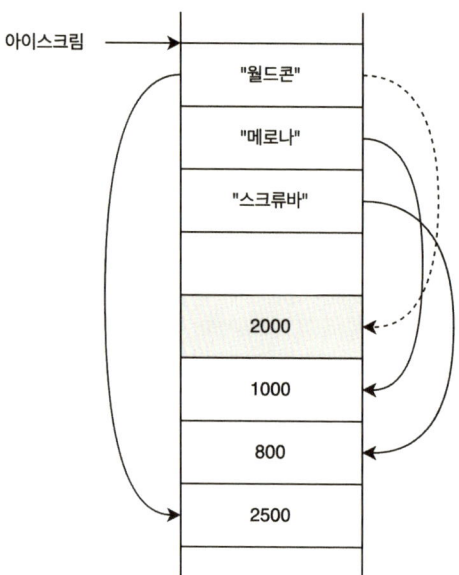

그림 3.3.2 딕셔너리 수정

딕셔너리에 값 추가

딕셔너리를 생성할 때 key와 value 쌍들을 넣을 수도 있지만 비어 있는 딕셔너리를 생성한 후 값을 추가할 수도 있습니다.

```
아이스크림 = {}

아이스크림["월드콘"] = 2000
아이스크림["메로나"] = 1000
아이스크림["스크류바"] = 800
```

딕셔너리에 값을 추가하는 경우와 수정하는 경우의 코드가 동일합니다. key가 기존에 딕셔너리에 있다면 해당 key에 대응하는 value 값이 업데이트됩니다. 만일 key가 딕셔너리에 없다면 key, value 쌍을 딕셔너리에 추가합니다.

딕셔너리 원소 삭제

딕셔너리에 있는 원소 삭제는 다음과 같이 key를 통해서 이뤄집니다. key는 딕셔너리 내에서 유일하기 때문에 key를 통해서 key와 value를 삭제합니다.

```
del 딕셔너리[key]


아이스크림 = {
    "월드콘": 2000,
    "메로나": 1000,
    "스크류바": 800
}

del 아이스크림["월드콘"]
print(아이스크림)
```

딕셔너리 key, value 얻기

아이스크림 정보가 저장된 표를 생각하면 아이스크림 이름 컬럼과 아이스크림 가격 컬럼으로 구성됩니다. 딕셔너리에서는 key에 아이스크림 이름이 저장되어 있고 value에 아이스크림 가격이 있습니다. key와 value 쌍이 필요한 경우도 있지만 종종 key 값들 또는 value 값들만 필요한 경우가 있습니다. 딕셔너리에서 key만 가져오는 함수는 keys이고 value만 가져오는 함수는 values입니다.

```
아이스크림 = {
    "월드콘": 2000,
    "메로나": 1000,
    "스크류바": 800
}

print(아이스크림.keys( ))
print(아이스크림.values())
```

연습문제 [풀이 232p]

[1] 다음 표는 특정 거래일의 삼성전자의 시가, 고가, 저가, 종가를 보여줍니다. 이를 딕셔너리로 표현해보세요.

시가	고가	저가	종가
58000	59000	57000	58500

[2] 최근 5주간의 보통 휘발유 가격을 파이썬 딕셔너리로 표현해보세요.

2월 4주	3월 1주	3월 2주	3월 3주	3월 4주
1463	1483	1498	1517	1530

[3] 여러분의 이름, 직업, 나이 정보를 딕셔너리로 표현해보세요.

3.4 이차원 데이터

2차원 데이터

아파트를 생각해봅시다. 일층에 가면 101, 102호가 있고 이층에는 201, 202호가 있습니다. 아래와 같은 데이터를 2차원 데이터라고 부릅니다.

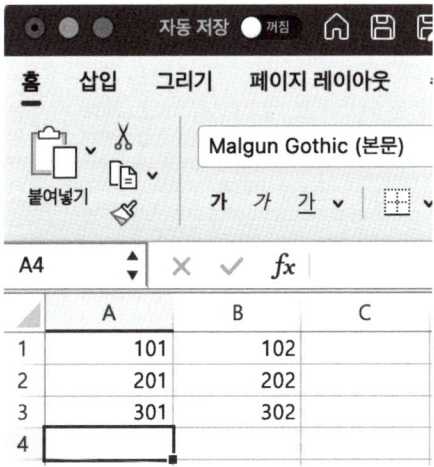

그림 3.4.1 2차원 데이터

파이썬의 자료구조를 사용해서 2차원 데이터를 사용하려면 리스트 안에 리스트를 넣어주면 됩니다. 다음 코드에서 apart 변수는 파이썬 리스트 객체를 바인딩합니다. 리스트의 첫 번째 원소로 리스트가 존재하며 해당 리스트에는 101과 102라는 정숫값이 저장되어 있습니다. 이처럼 정수, 실수, 문자열 타입의 값이 존재할 위치에 다시 자료구조를 사용함으로써 2차원 데이터를 표현하는 겁니다.

```
apart = [
    [101, 102],
    [201, 202],
    [301, 302]
]
```

각 층에 있는 호수는 변하지 않으므로 튜플을 사용해서 표현해도 됩니다.

```
apart = [
    (101, 102),
    (201, 202),
    (301, 302)
]
```

2차원 리스트 인덱싱

이번에는 2차원 리스트에 대해 인덱싱해 보겠습니다. apart는 리스트인데 리스트의 첫 번째 원소를 인덱싱하면 다시 리스트가 나옵니다.

```
apart = [
    [101, 102],
    [201, 202],
    [301, 302]
]

print(apart[0])
```

일층이라는 변수를 사용해서 먼저 1층으로 이동한 후 일층의 첫 번째 집과 두 번째 집을 출력해봅시다.

```
apart = [
    [101, 102],
    [201, 202],
    [301, 302]
]

일층 = apart[0]
print(일층[0])
print(일층[1])
```

앞에서는 일층이라는 변수를 사용했습니다. 이번에는 인덱싱 기호를 연속으로 붙여서 인덱싱해보겠습니다. apart[0][0]이 있을 때 앞에서부터 순차적으로 해석하면 됩니다. apart는 리스트를 바인딩합니다. [0]는 리스트의 첫 번째 원소를 인덱싱합니다. 그 결과는 [101, 102]라는 리스트입니다. 이 리스트에 대해서 다시 [0]이라는 인덱싱을 하면 첫 번째 원소인 101을 출력됩니다.

```
apart = [
    [101, 102],
    [201, 202],
    [301, 302]
]

print(apart[0][0])
print(apart[0][1])
```

딕셔너리 중첩

딕셔너리 안에 딕셔너리를 넣을 수도 있는데 이런 구조를 이용하여 데이터를 표현하는 경우가 매우 빈번합니다. 다음은 고객 정보를 저장할 때 중첩 딕셔너리를 사용한 예입니다.

```
고객정보 = {
    "이름": "조대표",
    "직업": "직장인",
    "주소": {
        "도": "경기도",
        "시": "김포시",
        "동": "풍무동"
    }
}

print(고객정보["이름"])
print(고객정보["주소"]["도"])
```

고객정보 중 '주소'라는 key는 다시 딕셔너리 타입의 value를 갖습니다. 따라서 고객정보["주소"]["도"]와 같이 순차적으로 인덱싱하여 '경기도'라는 value를 인덱싱할 수 있습니다.

연습 문제

[풀이 233p]

[1] 다음 데이터에는 리플이라는 암호화폐의 3일간의 가격입니다. 각 거래일의 데이터를 딕셔너리로 표현한 후 이를 리스트를 사용해서 3일 데이터를 표현하세요.

날짜	open	high	low	close
2022-06-01	535	565	510	533
2022-06-02	533	546	493	504
2022-06-03	503	518	476	498

[2] 다음 2021년 월별 상영 예정작 정보를 파이썬 딕셔너리와 리스트로 표현해보세요.

월	상영 예정작
2021-05	크루즈 패밀리, 극장판 콩순이, 아이들은 즐겁다
2021-06	까치발

04

조건문

이번 장에서는 파이썬 조건문에 관해 공부합니다.

4.1 Boolean 타입

4.2 파이썬 조건문

4.1 Boolean 타입

Boolean 타입

앞서 파이썬에는 세 가지 기본 데이터 타입이 있다고 했습니다. 그것은 정수, 실수, 문자열입니다. 파이썬에는 이외에도 수많은 데이터 타입이 존재합니다. 이번에 배울 데이터 타입은 참(True)과 거짓(False)을 표현하기 위한 자료형으로 이를 불리언(boolean) 타입이라고 부릅니다.

```
a = True
b = False

print(type(a))
print(type(b))
```

위 코드에서 True는 참을 의미합니다. True라는 값을 a라는 변수가 바인딩하고 False라는 값은 b라는 변수가 바인딩합니다. 타입을 출력하며 bool이 출력됩니다. 이처럼 불리언 타입은 True 또는 False의 값만 존재합니다. 파이썬은 대소문자를 구분하기 때문에 true와 false는 올바른 불리언 타입의 값이 아닙니다.

비교 연산자

앞서 배운 불리언 타입은 언제 사용될까요? 불리언 타입은 프로그래머가 의도적으로 사용하기도 하지만 일반적으로 비교 연산자의 결괏값으로 사용됩니다. 다음 표는 비교 연산자의 기호의 그 의미를 보여줍니다.

표 4.1.1 파이썬 비교 연산자

비교 연산자	의미
==	같다.
!=	같지 않다.
>	크다
<	작다
>=	크거나 같다.
<=	작거나 같다.

몇 가지 비교 연산자를 사용해봅시다. 3이 3과 같은지를 확인하면 그 결괏값으로 True가 나옵니다. 두 값은 같기 때문에 True입니다.

```
>>> 3 == 3
True
```

이번에는 3이 3과 같지 않다고 해봅니다. 이 경우 당연히 False가 나옵니다.

```
>>> 3 != 3
False
```

3이 3보다 작다고 해도 당연히 False가 나옵니다.

```
>>> 3 < 3
False
```

3이 4보다 작거나 같은지를 확인하면 True가 나옵니다.

```
>>> 3 <= 4
True
```

4.2 파이썬 조건문

조건문

아침에 집을 나설 때 오늘 비가 온다고 하면 우산을 챙겨 외출합니다. 프로그래밍에서도 이처럼 조건에 따라 동작을 수행할 수 있는데 이런 조건을 기술하는 문을 조건문이라고 부릅니다. 파이썬에서 조건문은 if라는 키워드를 사용해서 기술합니다. if 문의 기본 구조는 다음과 같습니다. if 다음에 오는 조건이 참(True)이면 들여쓰기 된 실행문을 실행합니다. 파이썬에서 들여쓰기는 일반적으로 4칸의 스페이스를 사용합니다. if 문에서 조건 다음에는 콜론(:)을 사용합니다.

```
if 조건:
    실행문
```

다음 코드는 날씨가 '흐림'이면 우산을 챙기는 것에 대해 파이썬 코드로 표현한 겁니다. '흐림'이라는 문자열을 날씨라는 변수가 바인딩하고 있습니다. if 문에서 조건을 확인합니다. 비교 연산자의 결과가 참(True)이므로 if 문에서 들여쓰기 된 print 문이 실행됩니다.

```
날씨 = "흐림"
if 날씨 == '흐림':
    print("우산챙김")
```

다음과 같이 조건이 거짓(False)인 경우에는 들여쓰기 된 문장을 수행하지 않습니다. 날씨는 '맑음'인데 '흐림'이라는 문자열과 비교하면 같지 않기 때문에 조건 자리에 False라는 값이 위치하게 됩니다. 조건이 거짓이면 if 문을 기준으로 들여쓰기 된 print 문이 실행되지 않습니다.

```
날씨 = "맑음"
if 날씨 == '흐림':
    print("우산챙김")
```

조건을 만족할 때 여러 문장이 수행될 수도 있습니다. 파이썬에서는 들여쓰기를 통해 수행할 문장의 범위를 결정합니다. 다음과 같이 두 문장이 들여쓰기 되어 있을 때 if 다음의 조건을 만족하면 들여쓰기 된 두 문장에 대해서 순차적으로 실행합니다.

```
날씨 = "흐림"
if 날씨 == '흐림':
    print("우산챙김")
    print("택시타기")
```

다른 프로그래밍 언어에서는 들여쓰기 대신 중괄호를 주로 사용하여 실행 범위를 구분합니다. 파이썬에서는 중괄호 없이 들여쓰기만으로 실행 범위를 구분하기 때문에 들여쓰기를 잘해야 정상 수행됩니다. 중괄호를 사용하지 않고 들여쓰기를 강제함으로써 파이썬 코드는 다른 프로그램 언어에 비해 가독성이 좋습니다.

```
날씨 = "흐림"
if (날씨 == '흐림') {
    print("우산챙김")
    print("택시타기")
}
```

논리 연산자

복잡한 조건을 표현하기 위해 파이썬은 논리 연산자를 제공합니다. 각각의 논리 연산자의 의미는 다음과 같습니다.

표 4.2.1 파이썬 논리 연산자

논리 연산자	의미
and	그리고
or	또는
not	~가 아닌

다음 코드의 의미를 해석해봅시다. if 다음의 조건문에 and라는 논리 연산자가 있습니다. and는 '그리고'라는 뜻이 있습니다. 코드를 그대로 해석해보면 '만약 커피 가격이 5,000 미만이고 커피 사이즈가 Tall이면'이 됩니다. 조건은 다시 두 가지 세부 조건으로 구성되는데 그 세부 조건들이 모두 참일 때만 조건이 참이 됩니다. 첫 번째 세부 조건은 커피 가격이 5,000원 미만인가입니다. 세부 조건의 결과는 참입니다. 두 번째 세부 조건은 커피 사이즈가 'Tall'인가입니다. 두 번째 세부 조건도 참입니다. 두 개의 세부 조건이 모두 참이므로 조건의 결과는 참이 됩니다. 따라서 '커피 주문'이라는 글자가 화면에 출력됩니다.

```
커피가격 = 4000
커피사이즈 = "Tall"

if 커피가격 < 5000 and 커피사이즈 == "Tall":
    print("커피 주문")
```

이번에는 다음 조건을 해석해 봅시다. 세부 조건들이 or로 연결되어 있습니다. or는 '또는' 이라는 의미로 해석됩니다. 따라서 만약에 '커피 가격이 3000원 미만 또는 커파사이즈가 Tall'이면으로 해석됩니다. or로 연결되는 두 세부 조건 중 하나라도 참이면 전체 조건의 결과는 참이 됩니다. 첫 번째 세부 조건의 결과는 거짓이지만 두 번째 세부 조건의 결과는 참이므로 if 문의 조건은 만족하고 역시 '커피 주문'이라는 글자가 화면 출력됩니다.

```
커피가격 = 4000
커피사이즈 = "Tall"

if 커피가격 < 3000 or 커피사이즈 == "Tall":
    print("커피 주문")
```

if ~ else 문

if 문은 조건을 만족할 때만 수행됩니다. 만일 조건을 만족할 때는 A라는 동작을 하고 만족하지 않을 때는 B라는 동작을 하고 싶을 때는 else라는 키워드를 사용하면 됩니다. else는 '그렇지 않고'로 해석됩니다. 다음 문장을 해석해보면 '만약 조건문이 참이면 A를 실행하고 그렇지 않으면 B를 실행하라'입니다.

```
if 조건문:
    A       # 조건문이 참이면 수행될 문장
else:
    B       # 조건문이 거짓이면 수행될 문장
```

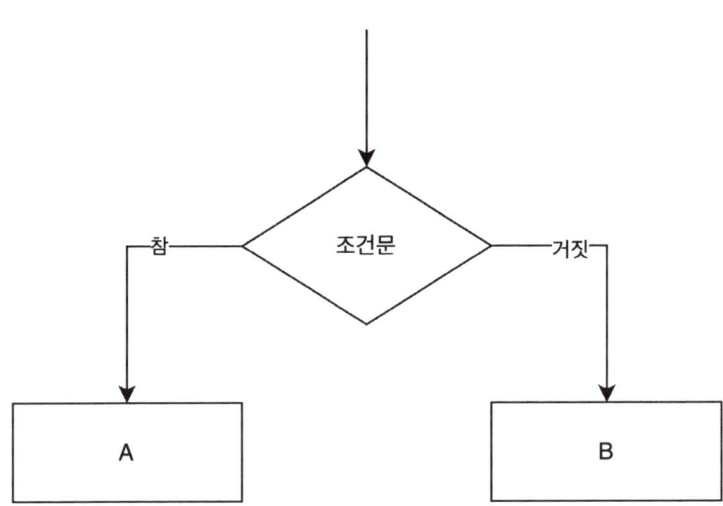

그림 4.2.1 if ~ else 문의 실행

마트에서 계산할 때 구매 총액이 10만 원을 초과하면 1%를 적립해주고 그렇지 않으면 0.5%를 적립해주는 경우를 파이썬 코드로 표현해봅시다.

```
구매총액 = 84000

if 구매총액 > 100000:
```

```
        print("1% 적립")
    else:
        print("0.5% 적립")
```

if ~ elif ~ else

조건이 두 가지 갈래가 아니라 여러 갈래로 나뉘는 경우가 있습니다. 이처럼 조건의 경우가 여러 개일 때는 if ~ elif ~ else 구조를 사용합니다. 기본 구조는 다음과 같습니다. 파이썬 인터프리터는 기본적으로 위에서 아래로 코드를 실행합니다. 따라서 가장 먼저 조건문1의 조건을 확인합니다. 해당 조건이 참이면 수행문1을 실행합니다. 그렇지 않고(조건문1이 거짓) 조건문2를 만족하면 수행문2를 실행합니다. 그렇지 않고(조건문1과 조건문2가 모두 거짓) 조건문3이 참이면 수행문3을 실행합니다. 그렇지 않으면(조건문1, 조건문2, 조건문3이 모두 거짓) 수행문4가 실행됩니다.

```
if 조건문1:
    수행문1
elif 조건문2:
    수행문2
elif 조건문3:
    수행문3
else:
    수행문4
```

다음과 같이 연봉에 따라 이자율이 다르다고 할 때 이런 조건들을 if ~ elif ~ else 구조를 사용해서 기술할 수 있습니다. 여기서 elif는 '그렇지 않고' 정도로 해석됩니다.

표 4.2.2 연봉에 따른 이자율

연봉	이자율
1억 이상	3%
7천만원 이상	3.5%
5천만원 이상	4%
5천만원 미만	4.5%

위 표를 파이썬 코드로 코딩하면 다음과 같습니다.

```
연봉 = 80000000

if 연봉 >= 100000000:
    print("이자율 3%")
elif 연봉 >= 70000000:
    print("이자율 3.5%")
elif 연봉 >= 50000000:
    print("이자율 4%")
else:
    print("이자율 4.5%")
```

연습 문제

[풀이 233p]

[1] num1이 10을 num2가 20을 바인딩할 때 num1과 num2를 비교하면 큰 값을 화면에 출력해보세요.

[2] 점수가 65점일 때 학점을 출력하는 프로그램을 작성해보세요.

점수	학점
90~100	A
80~89	B
70~79	C
60 ~ 69	D
0~59	F

05

반복문

이번 장에서는 반복문에 관해 공부합니다.

5.1 파이썬 for 문 (1)

5.2 파이썬 for 문 (2)

5.3 반복문과 조건문

5.4 break, continue, pass

5.5 while 문

5.6 중첩 루프

5.1 파이썬 for 문 (1)

반복문

컴퓨터 프로그래밍에서 반복문은 특정 코드를 반복적으로 수행하는 것을 의미합니다. 엑셀에 직원 100명에 대한 인사정보가 있고 이를 바탕으로 연봉을 계산한다고 할 때 연봉 계산이라는 작업을 100명에 대해서 반복해야 합니다. 반복문은 데이터 처리에 있어 필수적으로 사용되며 컴퓨터가 인간보다 잘하는 대표적인 분야입니다.

파이썬에서 반복문은 for와 while이라는 두 키워드를 통해 표현할 수 있습니다. for는 '~에 대해서'로 해석하면 좋고 while은 '~하는 동안'으로 해석하면 좋습니다. 반복문을 만들 때 for로 만들 수도 있고 while로 만들 수도 있습니다. 두 가지 키워드가 존재하는 이유는 반복문에 따라 어떤 경우에는 for를 사용해서 기술하는 것이 더 편리하고 반대로 while을 사용해서 기술하는 것이 더 편리할 때가 있기 때문입니다.

for 문

먼저 for를 이용한 파이썬 반복문에 대해서 배워보겠습니다. 일반적으로 반복 횟수가 정해져 있거나 자료구조에 저장된 데이터에 대한 반복처리 작업을 할 때 for 문을 주로 사용합니다. 기본적인 for 문의 구조는 다음과 같습니다.

```
for i in 자료구조:
    실행문
```

먼저 '포 아이 인 자료구조'라고 10번 말해봅시다. 프로그래밍 언어를 처음 배울 때는 문법적 요소에 대해서 외우고 사용하면 더 빨리 문법을 익힐 수 있습니다. 이제 위 코드를 해석해보겠습니다. for 문은 뒤에서부터 해석하면 그 의미를 알기 쉽습니다. '자료구조 안에 있는 i에 대해서 실행문을 수행하라'로 해석할 수 있습니다. 예를 들어 자료구조가 리스트이고 리스트에 100개의 정수가 저장되어 있을 때 리스트 안에 있는 각 정수에 대해서 실행문을 반복적으로 실행하는 겁니다.

반복문을 사용하면 중복적인 코드를 줄일 수 있고 더 간결하게 코딩할 수 있습니다. 다음 코드는 카트에 물품을 화면에 출력하는 코드입니다.

```
카트 = ["과자", "음료수", "과일"]

print(카트[0])
print(카트[1])
print(카트[2])
```

위 코드를 보면 print 문이 3번 반복되고 있습니다. 이제 for 문을 사용해서 작성해봅시다. 반복되고 있는 문장인 print 문을 for에서 들여쓰기해 주면 됩니다. 해석해보면 "카트 리스트 안에(in) 있는 i에 대해서 i를 출력하라" 정도가 됩니다. 여기서 i는 변수이고 i는 반복할 때마다 리스트의 원소를 바인딩합니다. 예를 들어 i는 '과자'를 바인딩하고 print(i)를 실행하면 화면에 '과자'가 출력됩니다. 그다음에는 i가 '음료수'를 바인딩한 상태에서 print(i)가 실행되고 화면에 '음료수'가 출력됩니다. 마지막으로 i는 '과일'을 바인딩한 상태에서 print(i)가 실행되고 화면에 '과일'이 출력됩니다.

```
01: 카트 = ["과자", "음료수", "과일"]
02:
03: for i in 카트:
04:     print(i)
05:
```

파이썬 인터프리터는 기본적으로 소스 코드를 위에서 아래로 순차적으로 실행합니다. 반복문에서는 반복 조건을 만족할 때 반복해서 실행하게 됩니다. 위 코드의 수행을 라인 단위로 적어보면 다음과 같습니다. 표에서 행 단위로 실제 인터프리터가 실행되게 됩니다.

표 5.1.1 라인별 코드에 대한 설명

라인	동작
01	카트라는 변수가 리스트 객체 바인딩
03	i 변수가 카트 리스트의 첫 번째 원소를 바인딩
04	i 변수가 바인딩하는 값을 출력
03	i 변수가 카트 리스트의 두 번째 원소를 바인딩
04	i 변수가 바인딩하는 값을 출력
03	i 변수가 카트 리스트의 세 번째 원소를 바인딩
04	i 변수가 바인딩하는 값을 출력
03	i 변수가 바인딩할 값이 없으므로 for 문의 끝으로 이동
05	더 이상 수행할 코드가 없으므로 인터프리터 종료

위 표를 참조하면 3번 라인과 4번 라인이 리스트의 원소 개수만큼 반복 수행되는 것을 알 수 있습니다. for 문은 자료구조 안에 있는 모든 원소를 순회한 후 더 이상 순회할 원소가 없을 때 for 문의 끝으로 실행 흐름을 이동합니다. 여기서 for 문의 끝은 들여쓰기를 통해서 판단합니다. 예를 들어 위 코드에서 03번 for에 대한 들여쓰기 된 문장은 04번 라인이므로 for 문은 03~04라인 영역이고 for 문의 끝은 05라인부터입니다.

반복문에서 변수 이름 변경하기

for i in 자료구조에서 i는 변수로써 자료구조를 순회할 때 각 원소를 바인딩합니다. 변수이기 때문에 프로그래머가 임의로 변경하여 사용할 수 있습니다. 다음 코드를 보면 카트 안에 있는 것들은 '물건'이기 때문에 'i'라는 변수보다 '물건'이라는 변수를 사용하면 더 코드를 쉽게 파악할 수 있게 됩니다.

```
카트 = ["고기", "과일", "생선"]

for 물건 in 카트:     # 카트안에 있는 각 물건에 대해서
    print(물건)
```

다음과 같이 각 거래일의 종가가 데이터가 리스트에 있을 때는 'i'라는 변수 대신 '종가'를 사용하는 것

이 더 읽기 좋겠죠?

```
day_close = [1000, 900, 950, 1050, 1100]

for 종가 in day_close:      # day_close 리스트안에 있는 각 종가에 대해서
    print(종가)
```

연습 문제 [풀이 234p]

[1] 다음과 같이 과자 목록이 파이썬 리스트로 구성되어 있을 때 for 문을 사용하여 과자 이름을 출력해보세요.

```
과자목록 = ["꼬깔콘", "새우깡", "포카칩", "프링글스", "오징어땅콩"]
```

[2] 파이썬 리스트에 다음과 같이 데이터가 있을 때 아래의 예시처럼 출력하세요.

```
카트 = ["생수", "과일", "음료수", "과자"]
생수 계산 완료
과일 계산 완료
음료수 계산 완료
과자 계산 완료
```

5.2 파이썬 for 문 (2)

for와 딕셔너리

딕셔너리에는 key와 value 쌍들이 저장됩니다. 딕셔너리에 대해 for 문을 작성하면 변수는 key를 바인딩하게 됩니다.

```
과자 = {
    "꼬깔콘": 2000,
    "새우깡": 3800,
    "포카칩": 1200
}

for i in 과자:
    print(i)


꼬깔콘
새우깡
포카칩
```

여러분들은 딕셔너리를 배울 때 key로 인덱싱하여 value를 얻을 수 있음을 배웠습니다. 이를 활용하면 반복문 내에서 i라는 변수가 key를 바인딩하므로 i로 인덱싱하면 value를 얻고 이를 출력할 수 있습니다.

```
과자 = {
    "꼬깔콘": 2000,
    "새우깡": 3800,
    "포카칩": 1200
}

for i in 과자:
```

```
    print( 과자[i] )   # 딕셔너리 인덱싱
```

만일 key인 과자 이름과 value인 해당 과자의 가격을 동시에 출력하려면 print 문에서 연속으로 적어 주면 됩니다.

```
for i in 과자:
    print(i, 과자[i] )   # i, 딕셔너리 인덱싱
```

'과자[i]'라는 코드를 한 번에 해석하기 어렵다면 다음과 같이 변수를 사용하면 좀 더 가독성이 좋은 코드를 작성할 수 있습니다.

```
for i in 과자:
    과자가격 = 과자[i]   # 딕셔너리 인덱싱
    print(i, 과자가격)
```

for 문을 사용해서 딕셔너리를 순회할 때 key와 value를 동시에 참조하는 것은 자주 사용됩니다. 딕셔너리는 items라는 함수를 제공하는데 items는 key, value를 튜플로 표현하고 여러 원소를 다시 리스트와 유사한 타입으로 표현해줍니다. items라는 함수를 사용할 때는 key와 value를 바인딩할 두 개의 변수를 적어서 다음과 같이 코딩합니다. 다음 코드는 딕셔너리 순회에 있어 매우 자주 활용되므로 여러 번 타이핑해보시기 바랍니다.

```
for k, v in 과자.items():
    print(k, v)      # k는 key, v는 value를 바인딩
```

for와 range

for 문을 사용해서 0부터 9까지를 화면에 출력해봅시다. 이를 위해서는 0부터 9까지의 값이 자료구조에 저장되어 있어야 합니다.

```
for i in [0, 1, 2, 3, 4, 5, 6, 7, 8, 9]:
    print(i)
```

그런데 반복할 숫자의 범위가 큰 경우 프로그래머가 일일이 값을 자료구조로 표현하기 어렵습니다. 파이썬은 이를 위해 range라는 내장함수를 제공합니다. range(10)는 0~9까지의 숫자를 리스트와 유사한 자료구조에 담아줍니다. 따라서 위 코드는 다음과 같이 간단히 변경할 수 있습니다.

```
for i in range(10):
    print(i)
```

range 함수는 기본적으로 다음 형태를 가집니다. start는 정수의 시작값이고 end는 끝값인데 end는 포함되지 않고 end-1까지만 포함됩니다. step은 증가 값입니다.

```
range(start, end, step)
```

다음 표를 보고 range 함수의 동작을 이해해봅시다.

표 5.2.1 range 함수

표현	의미
range(5)	[0, 1, 2, 3, 4]
range(0, 5)	[0, 1, 2, 3, 4]
range(1, 10, 2)	[1, 3, 5, 7, 9]

리스트와 튜플처럼 순서가 있는 자료구조를 for 문으로 순회할 때 변수는 기본적으로 자료구조 안의 원소를 바인딩합니다. 프로그램을 개발하다 보면 리스트 안의 원소뿐만 아니라 그 원소의 인덱스를 알아야 할 때가 있습니다(순서에 따라서 어떤 동작을 하고자 할 때).

이번에는 리스트를 for 문으로 순회할 때 인덱스를 사용해보겠습니다. 다음 코드를 실행하면 i는 0, 1, 2, 3, 4라는 값을 순차적으로 바인딩합니다. 들여쓰기 된 문장에서 i는 정숫값이고 이 정숫값을 사용해서 리스트 인덱싱으로 원소에 접근할 수 있습니다. 기존에는 i라는 변수가 직접 리스트 안의 원소를 바인딩했다면 지금은 정수를 바인딩하고 정수를 통해서 다시 원소를 바인딩하는 구조입니다. 이렇게 하는 이유는 원소와 그 원소의 위치(i)를 알기 위함입니다.

```
과자 = ["꼬깔콘", "새우깡", "포카칩", "프링글스", "오징어땅콩"]

for i in range(5):      # [0, 1, 2, 3, 4]
    print(i, 과자[i])
```

리스트와 튜플에서 인덱스와 원소를 동시에 참조하는 경우가 많은데 이때 enumerate라는 내장 함수를 사용하면 좀 더 편하게 코딩할 수 있습니다.

```
과자 = ["꼬깔콘", "새우깡", "포카칩", "프링글스", "오징어땅콩"]

for i, v in enumerate(과자):
    print(i, v)
```

enumerate 내장 함수를 호출하면 대략 다음과 같이 데이터를 표현해줍니다. 따라서 for 문에서 인덱스와 원소를 각각 바인딩하기 위해 두 개의 변수를 적어주는 겁니다.

```
[(0, "꼬깔콘"), (1, "새우깡"), (2, "포카칩"), (3, "프링글스"), (4, "오징어땅콩")]
```

연습 문제 　　　　　　　　　　　　　　　　　　　　　　　　　　　　　[풀이 235p]

[1] for 문을 사용해서 다음과 같이 출력해보세요.

```
파이썬1
파이썬2
파이썬3
```

[2] 다음 딕셔너리를 사용해서 과자의 정가와 10% 할인된 가격을 출력해보세요.

```
과자 = {
    "꼬깔콘": 2000,
    "새우깡": 3800,
    "포카칩": 1200
}
```

5.3 반복문과 조건문

반복문과 조건문

반복문 내에서 조건문을 사용하는 경우를 살펴봅시다. 예를 들어 사과 분류 공장에서 컨베이어 벨트로 사과가 오면 사과의 크기에 따라 분류하게 되는데 이런 경우가 바로 반복문 내에서 조건문을 사용하는 겁니다. 또 다른 예로는 1~10의 숫자 중 홀수를 출력하거나 과자 목록 중에서 2,000원 미만의 과자만 출력하는 경우 등이 있습니다.

여러분들은 반복문과 조건문 모두를 배웠기 때문에 코드를 직접 실행해보면서 개념을 익혀보도록 합시다. 먼저 과일 목록에 있는 과일을 출력하는 코드입니다.

```
과일목록 = ['참외', '사과', '바나나', '산딸기']

for 과일 in 과일목록:
    print(과일)
```

이번에는 반복문 내에서 조건을 추가해봅시다. 과일이 이름이 3글자 이상인 경우에만 과일의 이름을 출력해봅시다. 이 조건은 반복문 내에서 들여쓰기 되어야 합니다. 문자열의 길이는 len 내장 함수를 통해 얻을 수 있습니다. for 문을 기준으로 들여쓰기가 되어 있고 if 문이 있기 때문에 다시 if 문에서 들여쓰기 된 것입니다. 간단히 보면 if 문이 for 문에서 들여쓰기 되어있는 상태입니다.

```
01: 과일목록 = ['참외', '사과', '바나나', '산딸기']
02:
03: for 과일 in 과일목록:
04:     if len(과일) >= 3:
05:         print(과일)
06:
```

위 코드는 다음 표와 같이 실행됩니다. 다음 표에서 각 행이 순서대로 수행됩니다. 각 라인의 의미를 확인해보기를 바랍니다.

표 5.3.1 라인별 코드의 의미

라인	의미
01	과일목록 변수가 리스트를 바인딩
03	과일이라는 변수가 과일목록의 첫 번째 원소인 '참외'를 바인딩
04	조건이 거짓이므로 05번 라인을 수행하지 않고 리스트의 다음 원소를 순회하기 위해 이동
03	과일이라는 변수가 과일목록의 두 번째 원소인 '사과'를 바인딩
04	조건이 거짓이므로 05번 라인을 수행하지 않고 리스트의 다음 원소를 순회하기 위해 이동
03	과일이라는 변수가 과일목록의 세 번째 원소인 '바나나'를 바인딩
04	조건이 참이므로 05번 라인을 수행하고 리스트의 다음 원소를 순회하기 위해 이동
03	과일이라는 변수가 과일목록의 네 번째 원소인 '산딸기'를 바인딩
04	조건이 참이므로 05번 라인을 수행하고 리스트의 다음 원소를 순회하기 위해 이동

| 03 | 리스트에 순회할 원소가 더 이상 없으므로 for 반복문이 끝나는 06번 라인으로 이동 |
| 06 | 더 이상 수행할 코드가 없으므로 인터프리터 종료 |

조건을 만족하는 데이터 모으기

자료구조에 있는 데이터 중 특정 조건을 만족하는 데이터만 모으는 경우를 생각해봅시다. 엑셀로 치면 데이터 필터링과 같은 겁니다. 다음 데이터는 국내 기업과 해당 기업의 PER(Price Earning Ratio)를 자료구조로 표현한 겁니다.

```
comp = [
    ["삼성전자", 15.75],
    ["LG전자", 308.67],
    ["현대차", 8.51],
    ["NAVER", 55.82]
]
```

이 기업 데이터를 사용하여 PER 값이 10 미만인 기업의 기업명을 리스트로 저장해봅시다. 데이터가 여러 개이므로 반복문을 사용하고 반복문 내에서 각 기업의 PER을 비교하면 됩니다. 이때 반복문을 시작하기 전에 조건을 만족하는 기업명을 저장할 리스트를 먼저 생성하는 것이 필요합니다.

```
01: result = [ ]   # 조건을 만족할 기업명을 추가할 리스트
02:
03: for i in comp:
04:     name = i[0]
05:     per = i[1]
06:     if per < 10:
07:         result.append(name)
08:
```

위 코드를 살펴보면 for 문에서 들여쓰기 영역은 04~07라인입니다. comp 리스트의 각 회사에 대해

서 04~07번 라인이 반복해서 수행됩니다. 06~07번 라인은 조건문으로 06라인에서 조건이 참인 경우에만 07번 라인의 코드가 실행되고 조건을 만족하지 않으면 07번 라인은 건너뜁니다.

연습 문제 [풀이 235p]

[1] 다음 과일 중 3글자 이상의 과일을 리스트로 저장해보세요.

```
과일목록 = ["참외", "사과", "바나나", "산딸기"]
```

[2] 다음 과자 데이터에서 판매가가 2,000원 미만인 과자의 이름을 리스트로 저장하고 이를 출력해보세요.

```
과자 = {
    "꼬깔콘": 1680,
    "새우깡": 3830,
    "포카칩": 1180,
    "프링글스": 2980,
    "오징어땅콩": 1680
}
```

5.4 break, continue, pass

break

for를 이용한 반복문은 자료구조에 있는 모든 원소를 순회할 때까지 반복합니다. 만약 어떤 조건에서 더 이상 반복할 필요가 없을 때는 break이라는 키워드를 통해 반복문을 탈출할 수 있습니다. 파이썬 인터프리터는 반복문에서 break를 만나면 그 즉시 해당 반복문의 끝으로 이동합니다.

```
01: for i in range(5):
02:     if i > 2:
03:         break
04:     print(i)
05: print("반복문 끝")
06:
```

위 코드는 다음 표와 같이 실행됩니다.

표 5.4.1 break 코드 라인별 의미

라인	의미
01	i는 0을 바인딩
02	조건이 거짓이므로 04번으로 이동
04	0을 화면에 출력
01	i는 1을 바인딩
02	조건이 거짓이므로 04번으로 이동
04	1을 화면에 출력
01	i는 2를 바인딩
02	조건이 거짓이므로 04번으로 이동
04	2를 화면에 출력
01	i는 3을 바인딩
02	조건이 참이므로 03으로 이동
03	break 이므로 05로 이동
05	'반복문 끝'을 화면 출력
06	인터프리터 종료

continue

반복문 내에서 특정 조건일 때 더 이상 아래의 코드를 실행하지 않고 다음 반복으로 이동하고 싶을 때가 있습니다. 이때 사용하는 키워드가 continue입니다. 파이썬 인터프리터는 continue를 만나면 그 즉시 다음 반복으로 이동합니다.

예를 들어, 다음 코드는 0~3의 숫자 중 홀수만을 출력하는 코드입니다. 다양한 구현이 있겠지만 짝수일 때 continue를 사용해서 숫자를 출력하는 코드를 건너뛰도록 구현했습니다. 프로그래밍에서 어떤 수를 2로 나눴을 때 나머지가 0이면 짝수이고 그렇지 않으면 홀수로 판단합니다.

```
01: for i in range(4):
02:     if i % 2 == 0:
03:         continue
04:     print(i)
05:
```

위 코드는 다음 표와 같이 실행됩니다.

표 5.4.2 continue 코드 라인별 의미

라인	의미
01	i는 0을 바인딩
02	if 문에서 조건을 만족하므로 03라인으로 이동
03	continue가 실행되고 다음 반복을 위해 01라인으로 이동
01	i는 1을 바인딩
02	if 문에서 조건을 만족하지 않으므로 04라인으로 이동
04	화면에 1을 출력하고 다음 반복을 위해 01라인으로 이동
01	i는 2를 바인딩
02	if 문에서 조건을 만족하므로 03라인으로 이동
03	continue가 실행되고 다음 반복을 위해 01라인으로 이동
01	i는 3을 바인딩
02	if 문에서 조건을 만족하지 않으므로 04라인으로 이동
04	화면에 3을 출력하고 다음 반복을 위해 01라인으로 이동
02	더 이상 반복할 원소가 없으므로 for문의 끝인 05라인으로 이동
05	인터프리터 종료

pass

이번에는 pass 키워드에 대해 알아보겠습니다. 분기문이나 반복문은 반드시 들여쓰기 후 조건을 만족할 때 수행할 문장을 적어줘야 합니다. 이럴 때 pass 키워드를 임시로 사용하면 에러 없이 코딩할 수 있습니다. 코드를 작성할 때 일단 for 문을 작성한 후에 들여쓰기 부분의 코드를 작성한다고 할 때 임시로 다음과 같이 코딩할 수 있습니다.

```
for i in range(3):
    pass
```

pass가 없다면 구문 에러가 발생하지만, pass가 있기 때문에 에러가 발생하지 않습니다.

연습 문제

[풀이 236p]

[1] 목록에 있는 과자를 앞에서부터 리스트에 담을 때 리스트에 담은 과자 가격의 총합이 7,000원을 초과하면 더 이상 과자를 담지 않도록 break를 사용해서 코딩해봅시다.

```
과자 = {
    "꼬깔콘": 1680,
    "새우깡": 3830,
    "포카칩": 1180,
    "프링글스": 2980,
    "오징어땅콩": 1680
}
```

[2] 자동차 번호판에서 01~69까지는 승용차를 의미한다고 가정해봅시다. 다음 번호판 목록에서 승용차만 출력해보세요. 이때 continue를 사용해서 코딩해봅시다.

```
번호리스트 = [
    "01가 1234",
```

```
    "02나 1012",
    "80가 1011",
    "91다 8876",
    "61오 6531"
]
```

5.5 while 문

반복문을 위한 키워드

파이썬에서 반복문은 for와 while이라는 키워드로 만들 수 있으며 어떤 키워드를 사용하든지 동일하게 구현이 가능합니다. 프로그래머가 반복 구조에 따라 더 용이한 키워드를 선택해서 사용합니다. 일반적으로 for와 while은 다음 경우에 주로 사용합니다. 여기서 무한 루프는 프로그램이 실행되는 동안 계속해서 반복하는 것을 의미합니다.

표 5.5.1 for와 while 비교

키워드	비고
for	반복 횟수가 상대적으로 적거나 파이썬 자료구조와 같이 사용될 때
while	반복 횟수가 상대적으로 크거나 무한 루프일 때

while 문

while 문의 기본 구조는 다음과 같습니다. 조건이 참일 때 들여쓰기 된 문장이 반복 수행됩니다.

```
while 조건문:
    실행문-1
    실행문-2
```

while을 사용해서 1부터 3까지의 숫자를 화면에 출력해봅시다. for 문에서는 들여쓰기 된 문장을 실행한 후 for 구문을 실행할 때 자동으로 자료구조 내에서 다음 원소로 이동했습니다. 이와 달리 while에서는 비교할 조건문에서 사용되는 변숫값을 반복문 내에서 변경해줘야 합니다.

```
01: num = 1
02: while num <= 3:
03:     print(num)
04:     num = num + 1    # 다음 정수로 이동
05:
```

위 코드는 다음 표와 같이 실행됩니다.

표 5.5.2 코드 라인별 의미

라인	설명
01	num은 1을 바인딩
02	조건을 만족하므로 들여쓰기 된 03~04 라인을 순차 실행
03	1을 화면 출력
04	num은 2를 바인딩하고 다음 반복을 위해 02라인으로 이동
02	조건을 만족하므로 들여쓰기 된 03~04 라인을 순차 실행
03	2을 화면 출력
04	num은 3을 바인딩하고 다음 반복을 위해 02라인으로 이동
02	조건을 만족하므로 들여쓰기 된 03~04 라인을 순차 실행
03	3을 화면 출력
04	num은 4를 바인딩하고 다음 반복을 위해 02라인으로 이동
02	조건을 만족하지 않으므로 while문의 끝인 05라인으로 이동
05	인터프리터 종료

while 문은 무한루프를 만들 때도 자주 사용됩니다. 무한루프를 생성하기 전에 다음 코드를 실행해봅시다. 뒤에서 배우겠지만 time이라는 모듈의 sleep 함수를 사용하면 인자로 입력한 시간만큼 파이썬 인터프리터가 해당 라인에서 대기합니다. 따라서 다음 코드를 실행하면 'before'가 출력되고 5초

후에 'after'가 출력됩니다.

```
import time

print("before")
time.sleep(5)
print("after")
```

이번에는 while 문으로 무한 루프를 만들어보겠습니다. while 문은 조건을 비교한 후 반복 여부를 결정합니다. 만약 조건이 항상 참이라면 계속해서 while 문 내의 들여쓰기 된 문장이 실행되게 되고 이런 구조를 무한 루프라고 합니다.

다음 코드를 살펴보면 반복문 내에서 time.sleep을 통해 1초 쉬는 부분이 있습니다. 이는 반복문이 너무 빨리 실행되는 것을 막기 위해 의도적으로 한 번 반복할 때마다 1초 쉬도록 코딩한 겁니다. 주피터 노트북에서 실행하면 계속해서 '반복 중'이라는 글자가 출력됩니다. 툴바의 중지 버튼을 클릭하면 무한 루프가 중지됩니다.

```
import time

while True:
    print("반복 중")
    time.sleep(1)    # 여기서 1초 대기
```

주피터 노트북이 아니라 파이썬 소스 코드 형태로 무한 루프를 실행하는 경우 Ctrl+C를 누르거나 실행 명령 창을 닫을 때까지 계속해서 반복문이 수행됩니다. 암호화폐 거래소는 24시간 거래가 되는데 계속해서 조건에 따라 매매한다고 할 때 이러한 무한 루프 구조를 사용합니다.

사용자 입력

print 함수는 화면에 값을 출력하는 함수입니다. 사용자로부터 값을 입력 받는 함수는 input입니다.

기본적으로 사용자가 입력한 값은 문자열로 저장됩니다.

```
data = input("숫자 입력: ")
print(data, type(data))
```

위 코드를 주피터 노트북에서 실행하면 다음 그림과 같이 사용자가 값을 입력할 수 있는 영역이 나타납니다. 해당 영역에 값을 입력하고 엔터를 치면 해당 값을 문자열로 변경한 후 data라는 변수가 바인딩하게 됩니다.

```
data = input("숫자 입력: ")
print(data, type(data))
숫자 입력: [            ]
```

그림 5.5.1 input 함수 실행 예

연습 문제

[풀이 237p]

[1] while 문을 사용하여 월요일 배추의 가격이 1,000원일 때 매일 전일 가격에서 10%씩 5일 연속 오른 경우의 최종 금액을 계산해보세요.

[2] 다음 코드를 실행하면 1~45의 숫자 중 하나를 임의로 생성해줍니다. 이 코드를 활용하여 중복되지 않는 6개의 로또 번호를 생성해보세요.

```
import random

num = random.randint(1, 45)    # 1~45 중 숫자 하나를 num이 바인딩
```

5.6 중첩 루프

중첩 루프

이번 절에서는 중첩 루프(nested loop)에 대해 알아보겠습니다. 여기서 '루프'라는 용어는 반복을 의미하고 '중첩'이라는 것은 여러 개가 겹치는 것을 의미합니다. 즉, 반복문 여러 개가 겹쳐 있는 구조를 중첩 루프라고 합니다. 보통 두 개의 반복문이 겹쳐 있는 '이중 루프'와 세 개의 반복문이 겹쳐 있는 '삼중 루프'를 가장 많이 사용합니다.

그렇다면 어떤 경우에 두 개의 반복문을 겹쳐서 사용하는 것일까요? 다음 그림은 제가 사는 아파트의 각 세대를 간단히 표시해 본 것입니다. 1층에는 101호, 102호가 있고 2층에는 201호, 202호가 있습니다. 지금까지 배운 반복문으로는 101호, 102호에 대해 반복적인 일을 수행할 수 있습니다. 그런데 아파트 1층에만 세대가 있는 것이 아니라 2층, 3층, 4층에도 각 세대가 있습니다. 우리가 자주 사용하는 엑셀도 데이터가 다음 그림과 같은 형태로 저장되는데 이러한 구조를 2차원 데이터라고 표현합니다. 앞서 배운 2차원 데이터를 다룰 때 필요한 것이 바로 이중 루프입니다.

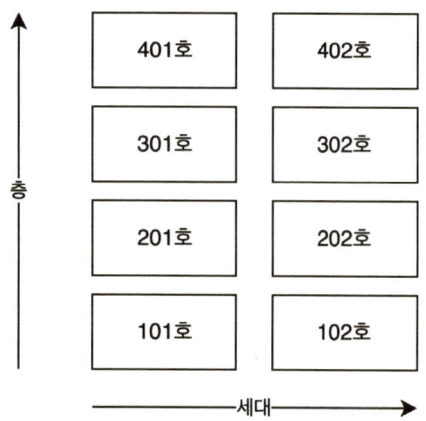

그림 5.6.1 아파트의 예

먼저 아파트를 2차원 리스트로 표현해봅시다.

```
apart = [
    [101, 102],
```

```
    [201, 202],
    [301, 302],
    [401, 402]
]
```

이중 루프를 사용할 건데 바깥쪽의 루프는 각 층을 의미합니다. 다음 코드를 실행하면 1층부터 4층까지의 리스트가 출력됩니다.

```
for 층 in apart:
    print(층)
```

각 층에 다시 두 세대가 존재하므로 각 층의 세대를 순회하기 위한 반복문을 안쪽으로 코딩합니다.

```
for 층 in apart:        # 아파트에 있는 각 층에 대해서
    for 세대 in 층:      # 현재층에 있는 각 세대에 대해서
        print(세대)
```

한 층의 세대는 한 줄로 출력하도록 print 문을 변경합니다.

```
for 층 in apart:        # 아파트에 있는 각 층에 대해서
    for 세대 in 층:      # 현재층에 있는 각 세대에 대해서
        print(세대, end=" ")
```

이번에는 각 층을 구분하기 위해서 한 층의 세대 정보의 출력이 끝나면 줄 바꿈을 하도록 print를 추가합니다. 바깥쪽 for 문을 기준으로 들여쓰기 된 코드 영역은 크게 안쪽 for 문과 print 문이 있습니다. 따라서 먼저 안쪽 for 문을 다 수행한 후 순차적으로 print 문이 수행되며 이때 줄 바꿈이 수행됩니다.

```
for 층 in apart:        # 아파트에 있는 각 층에 대해서
    for 세대 in 층:      # 현재층에 있는 각 세대에 대해서
```

```
        print(세대, end=" ")
    print(" ")          # 줄바꿈
```

출력 결과를 살펴보면 다음과 같이 의도한 대로 잘 출력된 것을 확인할 수 있습니다.

```
101 102
201 202
301 302
401 402
```

별 패턴 출력하기

필자가 C언어로 반복문을 공부할 때 가장 도움이 됐던 것 중 하나가 별 모양을 보고 중첩 루프를 생각해서 코딩해보는 것이었습니다. 여러분들도 반복문과 조건문 등을 활용해서 주어진 별 패턴을 출력해봅시다.

```
*****
*****
*****
*****
*****
```

첫 번째 별 패턴을 보면 5개의 행으로 구성되고 각 행에는 다시 5개의 별이 있습니다. 다양한 방식으로 코드를 구현할 수 있습니다. 다음과 같이 각 행에 대해서 루프를 돌면서 5개의 별을 출력해도 됩니다.

```
for i in range(5):
    print("*****")
```

이중 루프를 활용하여 다음과 같이 코딩할 수도 있습니다.

```
for i in range(5):
    for j in range(5):
        print("*", end='')
    print("")
```

두 번째로 코딩해볼 별 패턴은 다음과 같습니다. 잠시 어떻게 구현하면 좋을지 그리고 어떤 패턴으로 구성되어있는지 분석해보시기를 바랍니다.

```
*
**
***
****
*****
```

5개의 행이 있고 첫 번째 행에는 1개, 두 번째 행에는 2개, 세 번째 행에는 3개의 별이 있습니다. 앞에서는 모든 행에 5개의 별이 있었다면 지금은 각 행의 위치에 따라 별의 개수가 달라집니다.

```
for i in range(5):                # 5줄을 반복
    for j in range(i+1):          # 각 줄에서 i+1개의 별을 출력
        print("*", end="")
    print("")                     # 다음 줄로 줄바꿈
```

세 번째로 코딩해볼 별 패턴은 다음과 같습니다. 이번에는 첫 번째 행에서 4칸의 공백이 있고 한 개의 별이 출력됩니다. 두 번째 행은 3칸의 공백이 있고 두 개의 별이 출력됩니다. 세 번째 행은 2칸의 공백이 있고 세 개의 별이 출력됩니다.

```
    *
   **
  ***
 ****
*****
```

각 행에 대한 루프에서 공백을 위한 루프와 별을 출력하기 위한 루프를 사용하면 될 것 같습니다. 여기서 각 행의 공백의 개수와 별의 개수는 행의 위치에 따라 달라집니다.

```
for i in range(5):
    # 공백을 위한 루프
    # 별을 위한 루프
    # 줄바꿈
```

다양한 구현 방법이 있지만 필자는 다음과 같이 구현했습니다. 프로그래밍 경험이 없다면 다음 코드가 쉽게 생각이 나지 않을 수 있습니다. 마치 수학 문제를 푸는 것처럼 여러 번 생각하고 여러 번 반복해서 코딩해보시기를 바랍니다.

```
for i in range(5):
    for j in range(5-1-i):
        print(" ", end='')
    for j in range(i+1):
        print("*", end='')
    print("")
```

연습 문제 [풀이 238p]

[1] 다음 모양의 패턴을 파이썬 코드로 만들어보세요.

```
*****
 ****
  ***
   **
    *
```

[2] 다음 모양의 패턴을 파이썬 코드로 만들어보세요.

```
    *
   ***
  *****
 *******
*********
```

06

함수

이번 장에서는 파이썬으로 함수를 작성하고 이를 사용하는 방법에 관해 공부합니다.

6.1 함수 기초

6.2 입력값이 있는 함수

6.3 리턴값이 있는 함수

6.4 함수 호출 과정의 이해

6.5 LEGB 규칙

6.1 함수 기초

함수

여러분들은 아마도 함수란 단어를 많이 들어보셨을 겁니다. 초등학교 산수에 처음 함수가 등장합니다. 일상생활에서는 엑셀을 다룰 때 sum과 같은 함수를 사용해 보셨을 겁니다. 함수는 사용자로부터 어떤 입력을 받은 후 그 값을 사용해서 정해진 동작을 수행한 후 결괏값을 만들어주는 기능을 합니다. 엑셀에서 =sum(1, 2)이라고 입력하면 1과 2가 함수로 입력되고 덧셈 연산을 실행해서 그 결과인 3이 셀(Cell)에 저장됩니다.

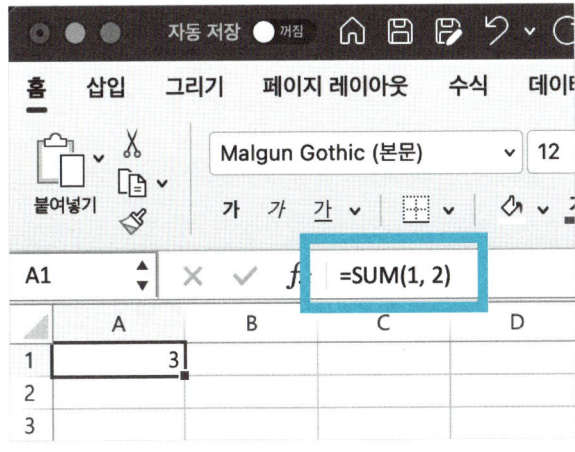

그림 6.1.1 엑셀 SUM 함수

함수를 사용하는 이유

여러분은 지금까지 함수를 사용하지 않고 프로그래밍을 해왔습니다. 앞으로도 함수를 사용하지 않고도 원하는 프로그램을 개발할 수는 있습니다. 하지만 함수로 코드를 작성하면 코드의 재사용성을 높이고 중복성을 최소화할 수 있습니다. 또한, 여러분들이 엑셀 함수의 내부 구현은 모르지만, 입력만 잘 전달하여 사용하는 것처럼 다른 사람이 작성한 코드가 함수로 되어 있다면 입력만 잘 전달해서 결괏값을 얻을 수도 있습니다.

앞서 파이썬에서 변수가 자주 사용되는 값에 대한 이름표라고 정의했다면 함수는 자주 사용되는 코드에 대한 이름표라고 정의할 수 있습니다. 엑셀에서도 많은 사람이 덧셈하는 기능을 사용하기 때문에 이를 sum이라는 이름의 함수로 만들어 둔 것입니다. 앞서 여러분들은 다음과 같은 파이썬의 내장 함수들을 사용해봤습니다.

표 6.1.1 파이썬 내장함수

내장함수	코드	역할
len	len("hello")	컬렉션 객체의 항목 수를 리턴
sum	sum([1, 2, 3])	컬렉션 객체에 대한 합을 리턴
abs	abs(-1)	절대값을 리턴
round	round(0.5)	반올림 값을 리턴

함수 만들기

이번에는 여러분들이 직접 함수를 만들어 보겠습니다. 여러분들이 어떤 코드를 작성했는데 이 코드가 여러 곳에서 사용된다면 이를 함수로 만드는 것이 좋습니다. 파이썬에서는 함수를 만드는 것을 함수를 정의(define)한다고 표현합니다.

파이썬에서 함수는 def 라는 키워드를 사용해서 정의할 수 있으며 함수 이름이 필요합니다. 기본적인 함수 정의는 다음과 같습니다. 함수 이름 다음에는 괄호가 있으며 함수가 호출될 때 실행될 코드는 들여쓰기 되어 있어야 합니다.

```
def 함수이름( ):
    코드
```

다음과 같이 화면에 별을 찍어 주는 코드가 있었습니다. 그런데 이 코드가 여러 곳에서 사용된다고 가정해봅시다.

```
print("*" * 30)
print("")
```

```
print("*" * 30)
```

3줄의 코드를 필요한 곳에서 복사 붙여넣기 해도 정상적으로 코드는 수행됩니다. 하지만 이 경우 코드에 오타가 있거나 변경을 해야 할 때 붙여넣기 한 모든 곳을 수정해야 하는 불편함이 생깁니다. 이런 문제를 해결하기 위해 자주 사용하는 코드를 함수로 만들어봅시다. 함수의 이름은 별 찍기로 했고 들여쓰기 후 3줄의 코드를 적어주면 됩니다. 여러분은 지금 별 찍기라는 함수를 정의했습니다.

```
def 별찍기():
    print("*" * 30)
    print("")
    print("*" * 30)
```

함수를 정의하면 어떻게 될까요? 다음과 같이 함수 내에 들여쓰기 된 코드가 메모리에 적재되고 그 영역을 함수 이름인 별 찍기가 바인딩하게 됩니다. 이처럼 자주 사용되는 코드를 함수 이름이 바인딩하고 있으므로 함수 이름을 통해 언제든지 해당 코드를 사용할 수 있는 겁니다. 그리고 실제 코드는 한 곳에 있으므로 변경이 필요할 때도 해당 부분만 수정하면 되기 때문에 유지보수도 매우 편리합니다.

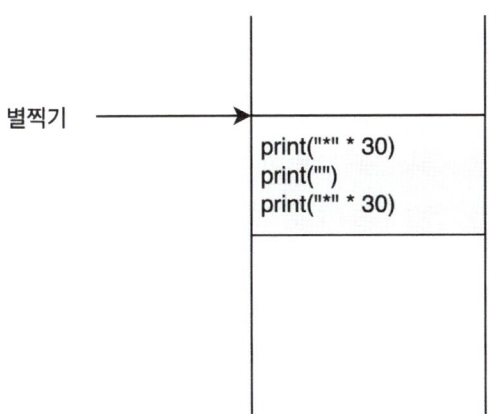

그림 6.1.2 파이썬 함수의 메모리 표현

파이썬 변수와 함수는 매우 비슷합니다. 파이썬 변수가 자주 사용되는 값에 대한 이름표 개념이었다면 함수는 자주 사용되는 어떤 코드에 대한 이름표입니다. 둘 다 자주 사용되기 때문에 이름표를 붙여 두는 것이죠.

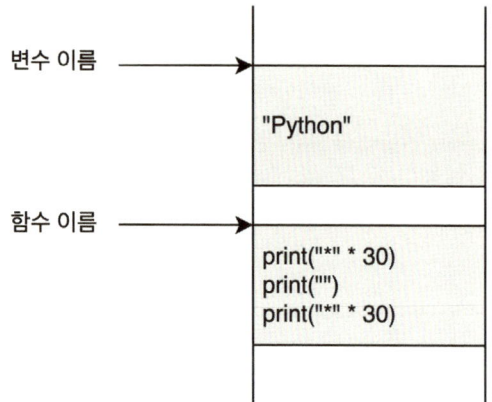

그림 6.1.3 파이썬 변수와 함수

함수 호출

엑셀에서 함수를 사용할 때 =sum(1, 2)이라고 한 것처럼 파이썬에서도 함수를 호출할 때 괄호를 사용합니다. 앞서 함수 이름이 메모리에 적재된 코드를 바인딩한다고 했습니다. 함수 이름( )라는 표현은 함수 이름이 바인딩하는 코드를 실행하라는 의미입니다. 함수 이름이 바인딩하는 코드를 수행하는 것을 함수 호출이라고 부릅니다.

앞서 정의한 별 찍기 함수를 호출하려면 함수 이름이 별 찍기를 적고 괄호를 적어두면 되겠죠?

별찍기( )

연습문제   [풀이 239p]

[1] 작별인사라는 이름의 함수를 정의하세요.

- 함수 호출 시 "안녕히 가세요"라는 문자열을 화면에 출력

[2] 작별인사 함수를 호출해보세요.

6.2 입력값이 있는 함수

입력이 있는 함수

일반적으로 함수는 입력값을 받아서 이를 통해 결괏값을 계산합니다. 앞서 여러분들이 배운 함수들은 입력이 없는 함수였습니다. 이번 절에서는 입력이 있는 함수에 관해 공부해보겠습니다.

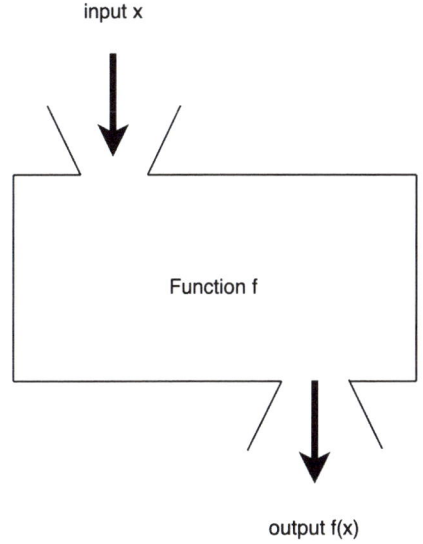

그림 6.2.1 함수

다음 엑셀 함수에서 sum의 입력은 A1, B1셀 두 개 입니다.

```
= sum(A1, B1)
```

함수에 입력이 있는 경우 함수를 정의할 때 입력값을 받을 파라미터를 적어줘야 합니다. 두 개의 값을 입력 받아 두 수의 합계를 화면에 출력하는 함수를 정의해봅시다.

```
def mysum(a, b):
    print(a + b)
```

함수 이름은 mysum이고 함수 호출 시 넘겨주는 두 개의 값을 바인딩하기 위해 a, b라는 변수를 사용했습니다. 들여쓰기 된 함수의 코드는 a가 바인딩하는 값과 b가 바인딩하는 값을 더한 값을 화면에 출력합니다. 함수가 호출될 때 전달되는 인자값을 바인딩하기 위한 a나 b와 같은 변수를 파라미터 또는 매개변수라고 부릅니다. 파라미터는 변수이기 때문에 함수를 정의할 때 여러분들이 적당한 이름을 사용하면 됩니다. 예를 들어, 다음 코드도 앞의 mysum 함수와 동일한 기능을 제공합니다.

```
def mysum(num1, num2):
    print(num1 + num2)
```

함수를 잘 정의했으니 호출해 봅시다. mysum 함수는 함수 호출 시 두 개의 인자를 전달해야 정상적으로 동작합니다.

```
>>> mysum(1, 2)
3
```

이번에는 두 수를 입력 받아 평균값을 출력하는 average 함수를 정의해봅시다.

```
def average(num1, num2):
    val = (num1+num2)/2
    print(val)
```

함수를 정의했으니 함수를 호출할 수 있습니다.

```
>>> average(10, 20)
15
```

이번에는 두 개의 값을 입력 받은 최댓값을 출력하는 mymax와 최솟값을 출력하는 mymin함수를 정의해봅시다.

```
def mymax(num1, num2):
    if num1 > num2:
        print(num1)
    else:
        print(num2)

def mymin(num1, num2):
    if num1 < num2:
        print(num1)
    else:
        print(num2)
```

mymax 함수와 mymin 함수를 호출해봅시다.

```
>>> mymax(5, 3)
5
>>> mymin(5, 3)
3
```

연습문제

[풀이 239p]

[1] 다음 조건을 만족하는 구매 함수를 작성하세요.

- 함수 이름은 구매
- 함수의 인자로 물품을 입력 받음
- 함수가 호출되면 입력받은 물품의 이름과 구매라는 글자를 화면에 출력함

[2] 주식이나 암호화폐에서 구분자 역할을 하는 것을 티커라고 부릅니다. 'BTC-KRW'와 같은 티커가 입력됐을 때 '-'를 기준으로 앞부분에 위치하는 암호화폐의 이름을 출력하는 함수를 작성하고 이를 호출해보세요.

입력	출력
BTC-KRW	BTC
XRP-KRW	XRP
ETH-BTC	ETH

[3] 암호화폐의 티커가 입력됐을 때 '-'를 기준으로 앞 부분에 위치한 가상화폐의 이름을 대문자로 출력하는 함수를 작성하세요.

입력	출력
BTC-KRW	BTC
XRP-KRW	XRP
ETH-BTC	ETH
btc-krw	BTC
xrp-krw	XRP
eth-btc	ETH

6.3 리턴값이 있는 함수

결과값이 있는 함수

함수는 입력을 받아서 출력을 만들어주는 블랙박스입니다. 일상생활에서 제면기를 생각해봅시다. 중국집에서 제면기에 밀가루 반죽을 넣어주면 면이 출력됩니다. 여기서 밀가루 반죽이 함수의 입력이고 면이 함수의 출력과 같습니다. 만약 제면기에 밀가루 반죽이 아니라 다른 것을 넣으면 정상적으로 면이 나오지 않습니다. 마찬가지로 함수는 함수 작성자의 의도에 맞는 입력을 잘 전달해야 정상적인 결괏값을 받을 수 있습니다.

엑셀의 C1 셀에 다음과 같이 수식을 입력하면 A1과 B1 셀을 더한 값이 입력됩니다. 여기서 C1 셀에 입력된 값은 sum 함수의 결괏값입니다.

```
= sum(A1, B1)
```

일반적으로 함수는 입력값을 받아 결괏값을 계산한 후 그 값을 함수의 호출부로 돌려주는데 이 과정을 '결괏값을 리턴한다'라고 보통 표현합니다.

결괏값을 리턴하는 함수 정의하기

지금까지는 입력은 있지만 결괏값을 리턴하지는 않고 단순히 그 값을 화면에 출력하는 함수를 작성했습니다. 이번에는 결괏값을 화면에 출력하는 것이 아니라 함수를 호출한 쪽으로 리턴하는 함수를 정의해보겠습니다.

먼저 mysum 함수는 두 개의 수를 입력 받아서 두 수의 합을 리턴합니다. 구현된 함수를 살펴보면 들여쓰기 된 코드에서 먼저 num1과 num2의 합을 구하고 이를 result 변수로 바인딩합니다. 결괏값을 계산했다면 return이라는 키워드를 통해 그 값을 함수 호출부로 전달합니다.

```
def mysum(num1, num2):
    result = num1 + num2
```

```
    return result
```

파이썬에서 모든 함수는 어떤 값을 반드시 리턴해야합니다. 앞서 여러분들이 작성했던 함수에서는 return이 없었는데 이 경우 파이썬 인터프리터는 return None을 추가합니다. 즉, None이라는 값을 호출부로 리턴해줍니다.

정의한 mysum 함수를 호출해봅시다. mysum 함수는 리턴 값이 있기 때문에 함수를 호출할 때 리턴 값을 바인딩할 변수를 적어줍니다.

```
ret = mysum(1, 2)
print(ret)
```

두 수를 입력 받은 후 평균값을 리턴하는 average 함수를 정의해봅시다. 이전 절과 달리 결괏값을 리턴하는 부분이 다릅니다.

```
def average(num1, num2):
    result = (num1 + num2) / 2
    return result
```

average 함수를 호출해봅시다. 두 개의 값을 전달하고 함수를 리턴값을 받을 변수를 적어주면 됩니다.

```
ret = average(10, 20)
print(ret)
```

연습 문제

[풀이 240p]

[1] 주민등록번호를 입력 받은 후 생년월일 부분만 문자열로 리턴하는 함수를 작성하고 호출해보세요.

[2] 리스트를 입력으로 받아 해당 리스트에 있는 모든 숫자의 평균을 리턴하는 myaverage 함수를 작성하고 이를 호출해보세요.

6.4 함수 호출 과정의 이해

함수 호출 과정

파이썬 소스 코드는 파이썬 인터프리터가 위에서 아래 방향으로 코드를 읽은 후 순차적으로 실행합니다. 파이썬 인터프리터는 def 키워드를 만나면 들여쓰기 된 코드를 메모리에 적재하고 그 위치를 함수 이름이 바인딩하게 됩니다.

```
def mysum(a, b):
    ret = a + b
    return ret
```

위 코드를 파이썬 인터프리터가 위에서 아래로 실행하면 메모리의 상태는 다음과 같이 됩니다.

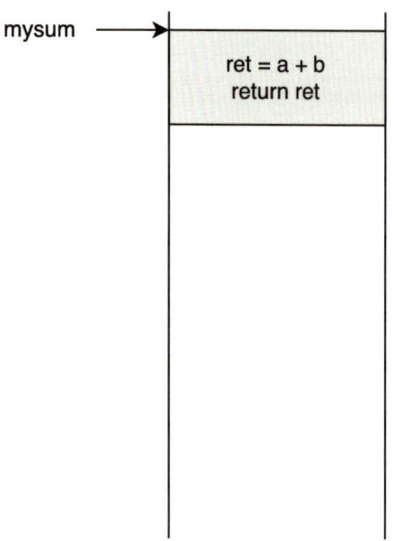

그림 6.4.1 mysum 함수

함수가 호출될 때의 상태를 그림으로 그려보면서 함수 호출에 대해 정확히 이해해봅시다. 다음 코드에서 mysum(3, 4)에서 함수가 호출됩니다. 앞서 함수의 이름은 자주 사용되는 코드에 대한 이름표이고 실제 호출은 괄호를 붙이면 호출된다고 배웠습니다. 파라미터가 두 개이므로 함수 호출 시 두 값을 전달합니다. 파이썬 인터프리터는 기본적으로 위에서 아래 방향으로 수행되지만 함수 호출을 만나면 해당 위치에서 함수의 정의부로 이동하게 됩니다.

```
def mysum(a, b):
    ret = a + b
    return ret

ret1 = mysum(3, 4)
```

함수 호출의 첫 번째 단계는 입력값 바인딩입니다. 파라미터 a 자리에 3, 파라미터 b 자리에 4가 전달됩니다. 이 경우 변수 a는 3을 바인딩하고 변수 b는 4를 바인딩합니다.

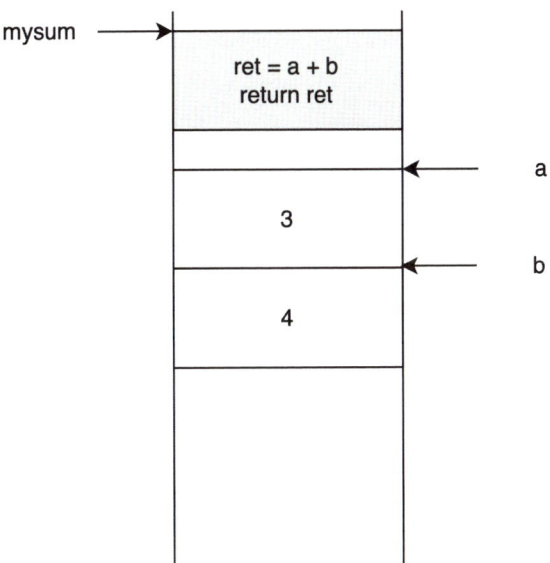

그림 6.4.2 함수 호출 1단계

함수 호출의 2단계는 들여쓰기 된 코드의 수행입니다. a가 3, b가 4를 바인딩하고 있는 상태에서 return 전까지의 코드가 위에서 아래로 순차적으로 실행됩니다. 덧셈 값인 7인 메모리에 할당되고 이를 ret라는 변수가 바인딩합니다.

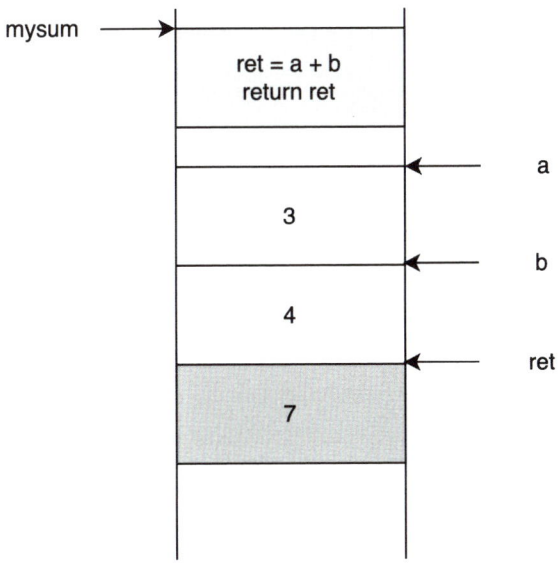

그림 6.4.3 함수 호출 2단계

함수 호출의 세 번째 단계는 결괏값 리턴입니다. 파이썬 인터프리터는 return이라는 키워드를 만나면 실행 흐름을 다시 함수를 호출했던 곳으로 돌아갑니다. 이때 함수에서 리턴된 값도 같이 갑니다. 동시에 함수 내에서 사용된 변수들은 모두 소멸합니다. 다음 그림을 참조하면 오른쪽에 표시했던 a, b, ret 변수가 없어졌습니다. 동시에 함수에서 리턴된 값인 7을 ret1이라는 변수가 바인딩하게 됩니다. 함수 호출이 끝나면 3과 4를 바인딩하는 변수는 없기 때문에 해당 값들은 메모리에서 삭제됩니다. 이와 달리 결괏값 7은 ret1이라는 변수가 바인딩하기 때문에 함수 호출이 끝나더라도 값이 유지됩니다.

만약 함수 호출을 다음과 같이 한다면 함수 내부에서 7의 값을 리턴하지만 이를 바인딩하는 변수가 존재하지 않기 때문에 결괏값 7도 메모리에서 삭제되게 됩니다. 따라서 함수를 호출할 때는 항상 리턴 값을 바인딩할 변수를 왼쪽에 적어줘야 합니다.

```
mysum(3, 4)     # 리턴 값을 바인딩 할 변수를 적지 않은 경우
```

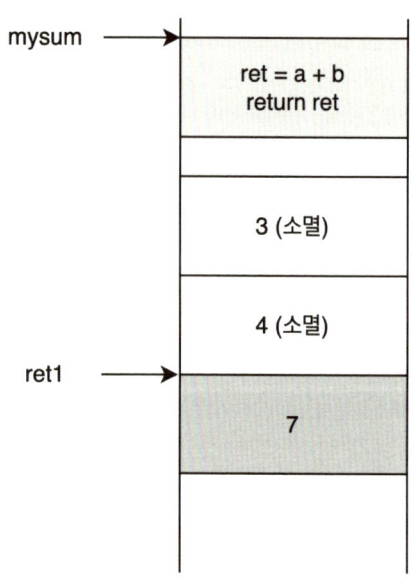

그림 6.4.4 함수 호출 3단계

파이썬 함수 호출의 3단계를 정리해봅시다. 다시 한번 코드를 보면서 직접 그림을 그려서 각 단계를 설명해보시기를 바랍니다.

[1] 함수가 호출되면 인터프리터는 함수로 이동하고 전달된 인자값을 변수로 바인딩

[2] 들여쓰기 된 코드를 순차적으로 실행

[3] 결괏값을 리턴하면서 인터프리터는 함수 호출부로 이동함

연습문제

[풀이 240p]

[1] 다음 코드의 실행 결과를 예상해보세요. 그리고 그림으로 그려서 왜 그런 결과가 나오는지 설명해보세요.

```python
mydata = [ ]
def foo(a):
    a.append(1)
    a.append(2)

foo(mydata)
print(mydata)
```

[2] 다음 코드의 실행 결과를 예상해보세요. 그리고 그림으로 그려 설명해보세요.

```python
mydata = {}
def foo(a):
    a['k1'] = 1
    a['k2'] = 2

foo(mydata)
print(mydata)
```

[3] 다음 코드의 실행 결과를 예상해보세요. 그리고 그림으로 그려 설명해보세요.

```
mydata = (1, 2, 3)
def foo(a):
    a[0] = 1

foo(mydata)
print(mydata)
```

[4] 다음 myupper 함수는 문자열을 입력 받은 후 해당 문자열을 대문자로 변환합니다. 이 함수가 제대로 동작하지 않는 이유를 그림을 그려가면서 설명해보세요.

```
data = "python"

def myupper(data):
    data.upper()

myupper(data)
print(data)
```

6.5 LEGB 규칙

전역 변수와 지역 변수

파이썬에서 변수는 함수 바깥에 위치하는 전역 변수와 함수 내부에 위치하는 지역 변수로 나눌 수 있습니다. 지역 변수는 함수의 파라미터와 함수 내부에서 사용되는 변수로 함수가 호출되는 그 순간에만 존재하고 함수 호출이 끝나면 모두 소멸합니다. 이와 달리 함수 바깥에 위치하는 전역 변수는 함수 호출과 상관없이 파이썬 파일 단위에서 유지되게 됩니다.

예를 들어, 다음 코드에서 a, b, result 등이 전역 변수에 해당하고 num1, num2, ret가 지역 변수입니다. 지역 변수는 mysum이 호출되는 그 순간에 잠깐 사용됩니다.

```
a = 3
b = 4

def mysum(num1, num2):
    ret = num1 + num2
    return ret

result = mysum(3, 4)
```

LEGB 규칙

파이선에서 변수에 값을 바인딩하거나 변수를 참조할 때 기본적으로 LEGB 규칙을 따릅니다. LEGB 는 각각 다음과 같은 의미를 갖습니다.

표 6.5.1 LEGB 규칙

범위	설명
L	Local의 약자로 함수 안을 의미합니다.
E	Enclosed function local의 약자로 함수 안에 함수가 있을 때 안쪽 함수에서 자신의 외부 함수의 범위를 의미합니다.
G	Global의 약자로 함수 바깥쪽의 전역 범위를 의미합니다.
B	Built-in의 약자로 파이썬 내장 함수를 의미합니다.

다음 코드를 실행하면 어떤 값이 화면에 출력될까요? 파이선에서 어떤 변수를 참조할 때 LEGB 순서로 탐색합니다. a를 먼저 local에서 찾기 때문에 화면에 20이 출력됩니다.

```
a = 10

def test():
    a = 20
    print(a)

test()
```

다음 코드의 결과도 예상해보세요. test 함수가 호출될 때 print(a)에서 a를 먼저 local에서 찾고 없으면 enclosing에서 찾고 여전히 없기 때문에 global에 가서 a를 찾게 됩니다.

```
a = 10

def test():
    print(a)

test()
```

이번에는 변수가 값을 바인딩하는 경우를 살펴봅시다. 다음 코드를 실행했을 때 화면에 10과 20중 어떤 값이 출력될까요?

```
a = 10

def test():
    a = 20

test()
print(a)
```

함수가 호출될 때 20이라는 값을 a라는 local 변수가 바인딩합니다. 동시에 전역 변수 a는 10을 바인딩하고 있는 상태입니다. 함수 호출이 끝나면 20을 바인딩하고 있던 local 변수 a는 삭제되고 20이라는 값도 자신을 바인딩하는 변수가 없기 때문에 자동으로 삭제됩니다. 따라서 함수 호출이 끝난 후 a는 global 영역의 a만 존재하며, 따라서 화면에 10이 출력됩니다.

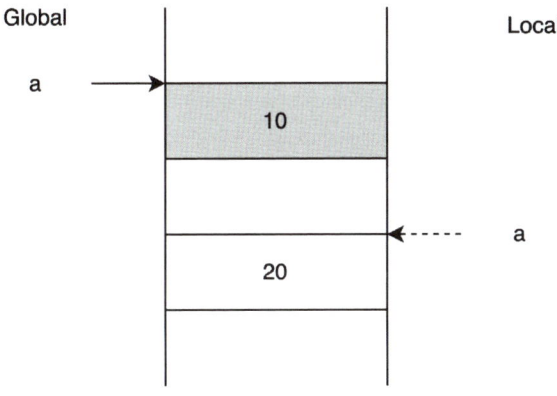

그림 6.5.1 함수 호출과 지역 변수

만약 함수 내에서 전역 변수의 값을 변경하고 싶다면 global 키워드를 사용할 수 있습니다. 하지만 이는 언제까지나 문법적으로 지원하는 것일 뿐 권장하는 코드는 아닙니다.

```
a = 10

def test():
    global a
    a = 20

test()
print(a)
```

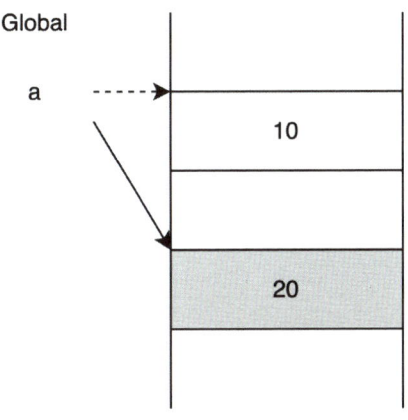

그림 6.5.2 함수 호출과 global 키워드

07

모듈

프로그래밍에서 미리 작성해둔 코드를 라이브러리라고 부릅니다. 프로그램을 개발할 때 라이브러리를 사용하면 더 빨리 프로그램을 만들 수 있습니다. 파이썬 라이브러리를 모듈이라고 부릅니다. 이번 장에서는 파이썬의 모듈에 관해 공부합니다.

7.1 파이썬 모듈 사용하기

7.2 파이썬 모듈 만들기

7.3 파이썬 패키지

7.1 파이썬 모듈 사용하기

파이썬 모듈

파이썬에서 모듈이란 파이썬 소스 코드 파일을 의미합니다. 예를 들어 csv.py 파일이 있을 때 이를 csv 모듈이라고 부릅니다. 파이썬에서 모듈은 다른 프로그래밍 언어에서 라이브러리와 같은 의미입니다. 파이썬이 설치되는 디렉터리에 여러 모듈이 같이 설치되며 여러분들은 이 모듈을 사용해서 더 쉽게 프로그램을 개발할 수 있습니다.

그렇다면 모듈 또는 라이브러리는 왜 사용할까요? 중국집을 생각해봅시다. 중국집에서 자장면을 만들 때 춘장과 면이 필요합니다. 물론 중국집에서 춘장을 직접 만들고 면도 수타면으로 만들 수 있지만 이렇게 하면 시간과 비용이 많이 소요됩니다. 그래서 대부분의 중국집이 춘장을 사다가 사용하고 면은 제면기를 통해서 빨리 뽑아낸 후 자장면을 만듭니다.

춘장과 제면기를 사용하면 다른 중국집과 비슷한 맛의 자장면을 쉽게 만들 수 있는 것처럼 프로그램을 개발할 때 하나부터 열까지 모두 직접 개발하는 것이 아니라 관련 모듈을 재활용함으로써 빠르게 개발할 수 있습니다. 특히 분야별 전문가들이 모듈을 개발하기 때문에 여러분이 직접 구현하는 것보다 더 품질이 좋은 코드를 사용할 수 있게 됩니다.

함수 vs. 모듈

앞서 함수는 어떤 기능을 하는 코드라고 했습니다. 예를 들어 엑셀을 위한 파이썬 모듈이 있다면 해당 모듈(파일)에는 엑셀을 위한 여러 함수가 존재합니다. open_excel, close_excel, plot_graph 등의 많은 수의 함수들이 존재하며 이런 여러 함수를 통해 여러분은 엑셀을 파이썬으로 다룰 수 있게 됩니다. 일반적으로 모듈은 여러 함수로 구성되기 때문에 모듈이 더 큰 범위라고 이해하면 됩니다. 일반적으로 모듈에는 변수, 함수, 클래스가 정의됩니다.

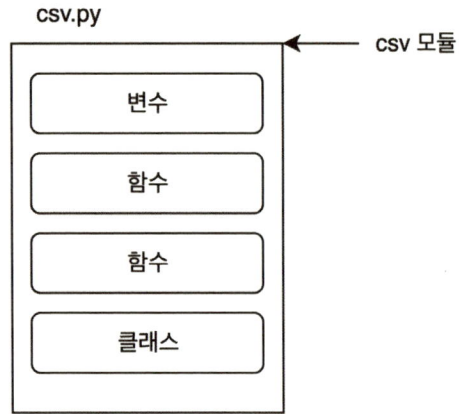

그림 7.1.1 파이썬 모듈

모듈 사용해보기

파이썬에서 몇 가지 모듈을 사용해보겠습니다. 앞서 이야기한 것처럼 모듈이란 결국 파이썬 소스 코드 파일이고 모듈을 사용하려면 여러분의 컴퓨터에 해당 파일이 존재해야 합니다. 파이썬이 설치될 때 기본적으로 설치되는 모듈을 표준 라이브러리라고 부릅니다.

먼저 시간과 날짜를 다루는 datetime 모듈을 사용해봅시다. 모듈을 사용하려면 먼저 해당 모듈을 임포트해야 합니다. 그리고 해당 모듈(파일) 내에 정의된 함수를 호출할 수 있습니다.

```
import datetime

datetime.datetime.now()  # now 함수 호출
```

datetime 모듈에는 동일한 이름으로 datetime 클래스가 있고 그 안에 now라는 함수가 있습니다. 그래서 호출을 datetime.datetime.now라고 적어줍니다. 클래스는 다음 장에서 배우기 때문에 일단 모듈의 사용법에 대해서만 보시면 됩니다. 엑셀에 있는 함수들이 어떻게 구현되어있는지 모르지만, 여러분이 호출해서 사용하는 것처럼 모듈도 모듈의 개발자가 내부를 어떻게 구현했는지는 모르지만 어떤 기능을 하는 함수를 호출하기만 하면 됩니다.

datetime 모듈을 사용하면 현재 시각으로부터 하루 뒤도 쉽게 구할 수 있습니다. 먼저 now 함수를 호출하여 현재 시각을 얻어옵니다. 그리고 datetime 모듈의 timedelta 함수를 호출하여 하루 뒤를 얻어옵니다. now와 delta를 더한 값을 출력하면 지금 시간으로부터 정확히 하루 뒤의 날짜와 시간이 출력됩니다. 이처럼 파이썬의 모듈을 사용하면 여러 기능을 쉽게 구현할 수 있습니다.

```
import datetime

now = datetime.datetime.now()
delta = datetime.timedelta(days=1)
print(now + delta)
```

여러분들이 사용하는 운영체제가 제공하는 기능을 파이썬에서 사용할 수 있도록 해주는 모듈이 os 모듈입니다. 이번에는 os 모듈을 간단히 살펴봅시다. os 모듈의 listdir 함수는 디렉터리 경로를 전달하면 해당 경로에 있는 파일 목록을 리턴해줍니다.

```
import os

flist = os.listdir("C:\Anaconda3")
print(flist)
```

아나콘다 설치 경로에서 실행 파일만 찾아서 출력하려면 다음과 같이 코딩하면 되겠지요?

```
import os

flist = os.listdir("C:\Anaconda3")
for file in flist:
    if file.endswith('exe'):
        print(file)
```

그래프를 그리기 위한 matplotlib 모듈도 있습니다. 다음 코드를 입력하면 그래프가 출력되는 것을 확인할 수 있습니다.

```
import matplotlib.pyplot as plt

plt.plot([1, 2, 3, 4])
plt.show()
```

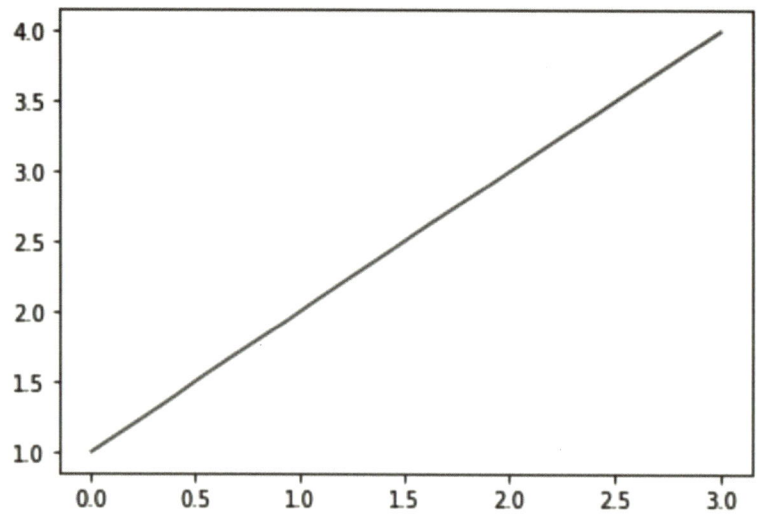

그림 7.1.2 파이썬 matplotlib

파이썬에는 수많은 라이브러리가 존재합니다. 따라서 여러분들은 프로그램을 개발하기 전에 먼저 관련 라이브러리를 찾아본 후 라이브러리를 사용해서 개발하는 것이 좋습니다.

모듈 임포트 방식

파이썬에는 여러 모듈이 존재합니다. 모듈의 종류와 상관없이 모듈을 사용하려면 먼저 임포트를 해야 합니다. 파이썬에서 모듈을 임포트하는 방식은 다음 4가지 정도가 주로 사용됩니다.

표 7.1.1 모듈 임포트 방식

모듈 임포트	함수 호출
import os	os.listdir("c:/anconda3")
from os import listdir	listdir("c:/anaconda3")
from os import *	listdir("c:/anaconda3")
import os as myos	myos.listdir("c:/anaconda3")

첫 번째 방식은 import 모듈이름 입니다. 이 경우 모듈 내의 함수를 호출하려면 모듈이름.함수( ) 와 같이 적어줍니다. 가장 일반적으로 사용되는 방식으로 모듈 A와 모듈 B에 동일한 foo 함수가 존재하더라도 A.foo() 와 B.foo() 형태로 호출하기 때문에 이름 충돌이 나지 않는다는 장점이 있습니다.

두 번째 방식은 from 모듈 import 함수 입니다. 모듈에서 사용할 함수만 임포트하는 방식입니다. 함수 호출 시에는 모듈의 이름은 생략하고 함수() 라고 적어주면 됩니다. 모듈의 이름을 적지 않기 때문에 코드가 간단해지지만 같은 이름의 함수가 존재하는 경우 이름 충돌이 발생할 수 있습니다.

세 번째 방식은 from 모듈 import * 입니다. 여기서 별표는 모듈 내의 모든 것을 의미합니다. 즉, 특정 함수만 임포트하는 것이 아니라 모듈 내의 모든 함수를 임포트함을 의미합니다. 함수 호출은 두 번째 방식과 동일하며 이 역시 이름 충돌이 발생할 수 있습니다. 두 번째 방식과 달리 일일이 사용할 함수를 적지 않고 *만 적어주면 되기 때문에 편리합니다.

네 번째 방식은 import 모듈 as 다른이름 입니다. 첫 번째 방식과 동일하게 함수 호출 시 모듈 이름을 적어줘야 합니다. 첫 번째 방식은 원래 모듈의 이름을 그대로 사용하는 것과 달리 이 방식은 여러분이 모듈 별칭을 직접 지정할 수 있습니다. 모듈의 이름이 긴 경우 별칭을 사용해서 모듈을 임포트하기 위해 사용합니다.

```
import pandas as pd    # pandas 대신 pd를 사용
```

7.2 파이썬 모듈 만들기

모듈 만들기

파이썬 모듈은 파이썬 소스 코드 파일이라고 했습니다. 이번에는 여러분들이 직접 모듈을 만들어 보고 해당 모듈을 사용해봄으로써 모듈에 대해 좀 더 이해해 보겠습니다. 주피터 노트북에서 New →Text File을 클릭합니다.

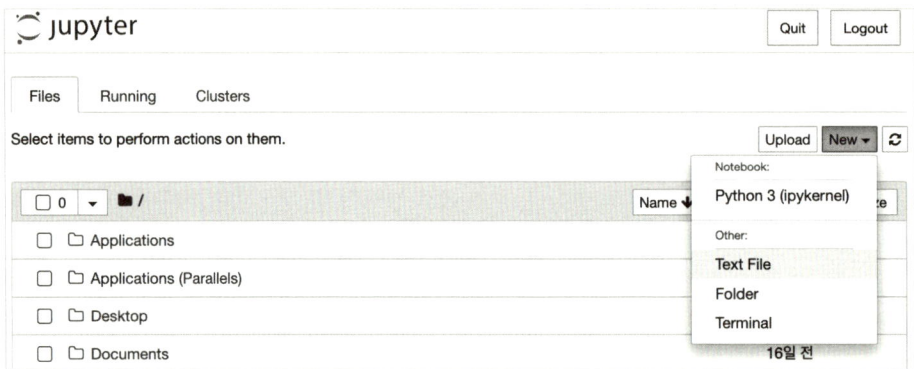

그림 7.2.1 주피터 노트북 파일 추가

Language 설정을 Python으로 변경합니다.

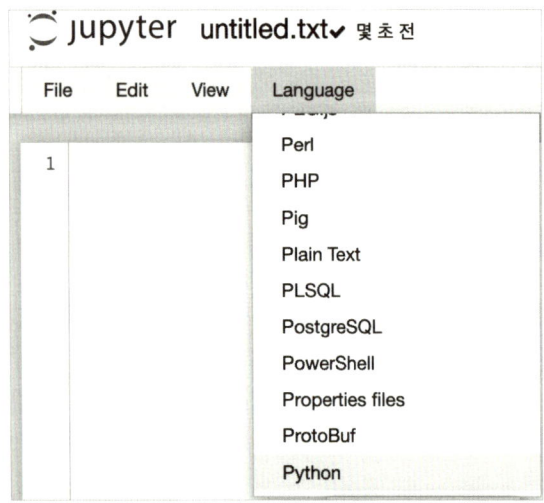

그림 7.2.2 주피터 노트북 언어 설정

평균을 구하는 함수를 다음과 같이 작성하고 변수도 하나 추가해보겠습니다. 이처럼 파일에는 변수, 함수, 클래스 등이 정의됩니다. average 함수는 data라는 리스트를 입력 받은 후 해당 리스트의 모든 값을 더한 후 그 개수로 나눠 평균을 구하고 이를 리턴합니다.

```
def average(data):
    result = sum(data) / len(data)
    return result


test = 10
```

File → Save를 눌러 변경 사항을 저장합니다. File → Rename을 눌러 mymod.py라는 이름으로 변경하여 저장합니다.

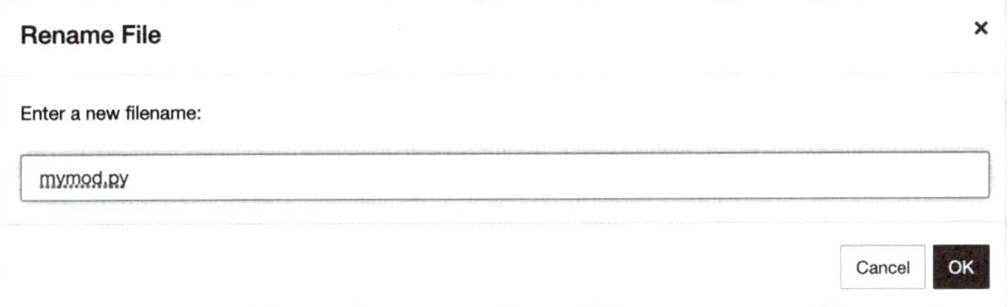

그림 7.2.3 주피터 노트북 파일 이름 변경

이상으로 mymod.py라는 모듈을 여러분이 직접 생성해보았습니다. 해당 모듈은 주피터 노트북의 기본 실행 디렉터리에 저장됩니다. 지금은 여러분들이 주피터 노트북을 사용하기 때문에 파이썬 파일도 주피터 노트북을 사용했습니다. 보통은 메모장과 같은 텍스트 에디터 또는 Visual Studio Code와 같은 개발 툴을 사용해서 소스 코드를 작성합니다.

만든 모듈 사용하기

mymod.py라는 파일이 주피터 노트북의 실행 디렉터리에 저장되어 있습니다. 따라서 동일 디렉터리에 있는 주피터 노트북 파일에서는 임포트만 하면 바로 mymod라는 모듈을 사용할 수 있습니다. 다음과 같이 mymod 모듈을 임포트합니다. 파이썬 인터프리터는 먼저 현재 디렉터리에서 mymod.py 를 찾게 되는데 해당 디렉터리에 mymod.py 모듈이 있으므로 이를 정상적으로 임포트합니다.

```
import mymod
```

mymod 모듈에는 test라는 변수와 average라는 함수가 구현되어 있습니다. test 변숫값을 화면에 출력하고 average 함수도 사용해봅시다.

```
print(mymod.test)
result = mymod.average([1, 2, 3, 4])
print(result)
```

test 변수가 바인딩하는 10과 [1, 2, 3, 4]의 평균값인 2.5가 잘 출력되는 것을 확인할 수 있습니다.

```
10
2.5
```

지금까지 파이썬 모듈을 직접 개발하는 방법에 대해 배워봤습니다. 여러분들이 지금 당장은 직접 모듈을 개발하지는 않겠지만 파이썬 문법에 익숙해지면 여러분만의 모듈을 만들고 이를 다른 사람에게 공유하여 사용할 수 있답니다.

연습문제 [풀이 242p]

[1] 리스트로 구성된 데이터에 대해 평균, 편차, 분산을 계산하는 함수를 제공하는 mymath 모듈을 만들어보세요.

- 평균(average)은 모든 데이터를 더한 후 데이터의 개수로 나눈 값
- 편차(deviation)는 각 데이터에서 평균을 뺀 값
- 분산(variance)은 편차들의 제곱을 모두 더한 후 이를 데이터의 개수로 나눈 값

7.3 파이썬 패키지

패키지

특정 기능을 위한 파이썬 소스 코드 파일을 모듈이라고 했습니다. 어떤 디렉터리에 여러 파이썬 파일이 있을 때 해당 디렉터리를 패키지라고 부릅니다. 패키지는 여러 모듈로 구성되는 더 큰 범위입니다. 예를 들어 비디오 재생을 담당하는 video 모듈과 오디오 재생을 담당하는 audio 모듈 그리고 디렉터리가 패키지임을 알려주는 역할의 __init__.py 가 multimedia라는 이름의 디렉터리 안에 존재할 때 우리는 이를 multimedia 패키지라고 부릅니다.

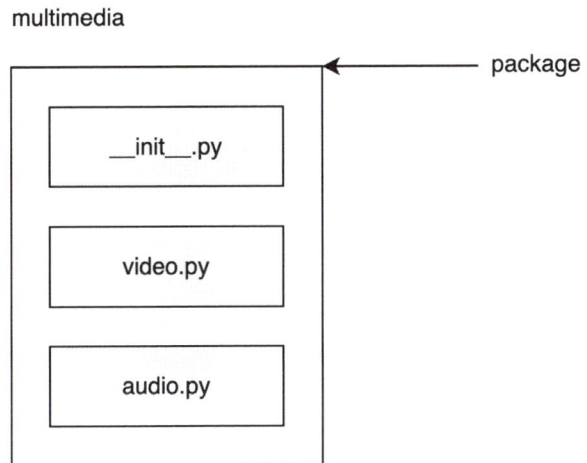

그림 7.3.1 파이썬 패키지

패키지 만들기

주피터 노트북의 실행 디렉터리에 multimedia라는 이름으로 디렉터리를 생성합니다. 해당 디렉터리에 `__init__.py`, `video.py`, `audio.py` 파일을 만들어줍니다. 디렉터리 생성과 파일 생성은 주피터 노트북을 사용하거나 또는 윈도우에서 직접 해당 위치에 디렉터리와 파일을 생성해도 됩니다.

먼저 `video.py` 파일에 다음과 같이 비디오 재생을 담당하는 함수를 추가합니다.

```
def play_video():
    print("play video")
```

이번에는 audio.py 파일에 다음과 같이 오디를 담당하는 함수를 추가합니다.

```
def play_audio():
    print("play audio")
```

이처럼 라이브러리를 개발할 때 규모가 커지게 되면 각 기능 단위로 파일을 나눠서 관리하는 것이 좋습니다. __init__.py 파일은 빈 파일 그대로 두면 됩니다. 이것으로 여러분은 multimedia 패키지를 개발하였습니다.

패키지 사용하기

파이썬에서 패키지는 좀 더 큰 규모의 모듈이기 때문에 보통은 모듈과 패키지를 구분하지 않고 혼용해서 많이들 사용합니다. 하지만 패키지라고 하면 디렉터리 구조를 갖는 여러 모듈로 구성된 라이브러리라고 이해하는 것이 좋습니다. 이번에는 패키지를 사용하기 위해 임포트 하는 방식을 살펴봅시다.

다음과 같이 임포트 할 때 점(.)은 디렉터리 구조를 의미합니다. 즉, multimedia.video 라는 것은 multimedia 디렉터리 안의 video.py 파일을 의미합니다.

```
from multimedia.video import *
from multimedia.audio import *
```

앞서 배운 네 가지 임포트 방식을 떠올려보면 video 모듈과 audio 모듈 내의 함수를 바로 사용할 수 있음을 알 수 있습니다.

```
play_video()
```

```
play_audio()
```

당연히 다음과 같은 방식으로 모듈을 임포트하고 사용할 수 있습니다.

```
import multimedia.video as mv
import multimedia.audio as ma

mv.play_video()
ma.play_audio()
```

앞서 그래프를 그리는 matplotlib을 사용할 때 다음과 같이 사용 했습니다. 이제 matplotlib은 패키지 즉 디렉터리이고 이 디렉터리 안에 pyplot.py 모듈이 있는데 이를 plt라는 별칭(alias)으로 사용한다는 것이 이해될 겁니다.

```
import matplotlib.pyplot as plt
```

08

클래스

이번 장에서는 파이썬 클래스에 대해서 다룹니다. 파이썬의 클래스는 초보자에게 매우 어려운 문법 요소입니다. 하지만 클래스를 아는 것과 모르는 것은 파이썬 문법을 이해하는 데 큰 영향을 줍니다. 따라서 어렵더라도 여러 번 읽어서 클래스를 꼭 이해해보시기를 바랍니다.

8.1 클래스 소개

8.2 클래스 정의

8.3 클래스와 메서드

8.4 파이썬 클래스 self 이해하기

8.5 메서드 호출 방식

8.6 생성자

8.7 클래스 상속

8.1 클래스 소개

생산 공정과 클래스

클래스의 개념 이해를 돕기 위해 일상생활에서 몇 가지 예를 들어 보겠습니다. 겨울이 되면 길거리에서 붕어빵을 맛볼 수 있습니다. 붕어빵은 어떻게 만들어지나요? 재료로는 반죽과 팥이 사용되는데 붕어빵을 구울 때 하나씩 프라이팬에 굽는 게 아니고 미리 만들어진 붕어빵 틀을 사용하여 굽습니다. 이렇게 붕어빵 틀을 사용하면 하나씩 프라이팬에 굽는 것에 비해 매우 효과적으로 붕어빵을 구울 수 있습니다.

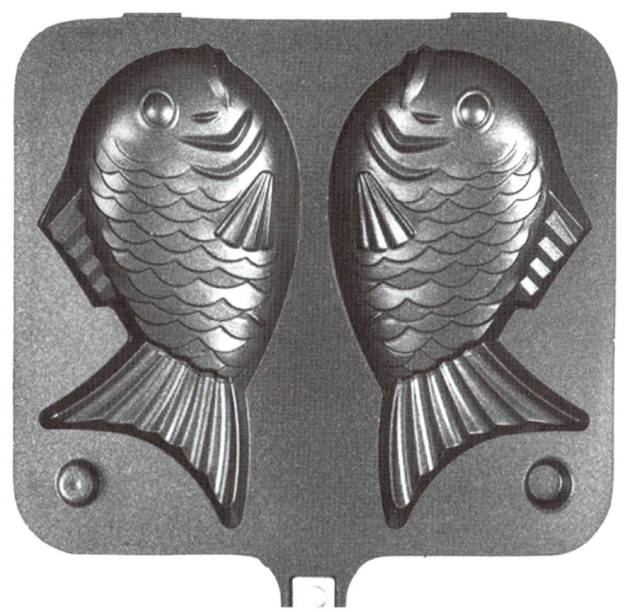

그림 8.1.1 붕어빵틀

자동차를 생산하는 과정도 이와 비슷합니다. 자동차 역시 사전에 프레임을 만들고 이를 사용하여 마치 공장에서 물건을 찍어 내듯이 자동차를 생산할 수 있습니다. 전기차로 유명한 회사인 테슬라는 모델 Y에 대해서 스마트폰처럼 알루미늄 유니바디를 찍어내는 생산 방식을 도입했고 이를 통해 생산량을 많이 증가시켰고 비용을 절감했습니다.

소프트웨어 설계 분야에서도 붕어빵 틀이나 자동차의 프레임과 같은 개념이 도입되었는데 이를 클래스(class)라고 부릅니다.

절차 지향 프로그래밍

여러분이 지금까지 작성한 프로그램을 생각해봅시다. 프로그램이란 것은 결국 어떤 데이터를 의도에 따라 잘 조작하는 겁니다. 데이터를 효과적으로 저장하기 위해 정수형, 실수형, 문자열과 같은 타입을 사용했습니다. 저장된 데이터를 처리하는 코드의 재사용성을 위해 함수를 정의했고 함수를 호출함으로써 입력 데이터를 잘 처리할 수 있었습니다. 다음 그림과 같이 데이터를 여러 함수를 통해서 적절히 조작하여 결괏값을 만들어내는 프로그래밍 방식을 절차지향 프로그래밍이라고 부릅니다.

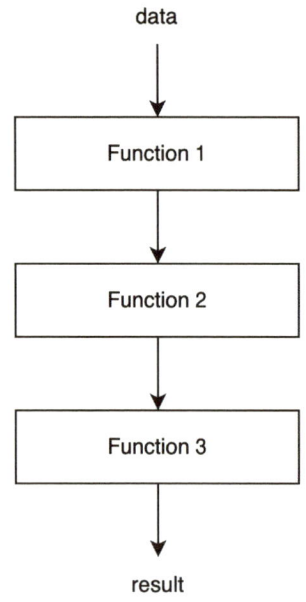

그림 8.1.2 절차 지향 프로그래밍

절차 지향 프로그래밍 vs. 객체 지향 프로그래밍

1980년 후반에 소프트웨어 개발 분야에서도 틀과 설계도(blueprint)와 같은 개념을 사용하는 객체 지향 프로그래밍이 자리 잡기 시작했습니다. 왜 이런 식의 개발이 필요한지 이해를 돕기 위해 슈퍼마리오 게임을 파이썬으로 코딩해보겠습니다. 실제로 슈퍼마리오 게임을 개발하는 것은 아니고 대략적인 흐름만 보시면 됩니다.

먼저 저장할 데이터로는 마리오의 게임상의 현재 x축 좌표와 y축 좌표가 있어야 하고 여기에 추가로 포인트와 에너지가 있습니다. 이를 다음과 같이 코딩하면 되겠습니다.

표 8.1.1 변수와 의미

변수	의미
xpos	마리오의 x축 좌표
ypos	마리오의 y축 좌표
point	마리오의 획득 포인트
energy	마리오의 에너지

```
mario = {
    'xpos': 10,
    'ypos': 0,
    'point': 0,
    'energy': 100
}
```

게임에 필요한 함수를 정의해봅시다. 움직임을 담당하는 move 함수, 포인트를 획득하는 get_point 함수, 에너지 증감을 담당하는 update_energy 함수를 정의해봅시다. move 함수는 xpos와 ypos의 값을 변경합니다.

```
def move(data, xoffset, yoffset):
    data['xpos'] += xoffset
    data['ypos'] += yoffset
```

포인트 획득 함수는 획득 포인트만큼 증가시켜줍니다.

```
def get_point(data, offset):
    data['point'] += offset
```

에너지를 증감을 담당하는 함수는 다음과 같이 구현할 수 있습니다.

```
def update_energy(data, offset):
    data['energy'] += offset
```

조이스틱과 버튼의 이벤트에 따라 구현한 함수를 호출하면 대략적으로 슈퍼마리오 게임이 동작할 것 같습니다. 이번에는 이 게임을 2인용 버전으로 개발해봅시다. 먼저 2인용 데이터를 따로 저장해야 합니다. 코드를 복사하여 변수 이름을 변경합니다.

```
mario_2p = {
    'xpos': 10,
    'ypos': 0,
    'point': 0,
    'energy': 100
}
```

함수의 경우에도 복사하여 이름을 변경하여 사용할 수 있지만 현재 함수를 잘 살펴보면 입력 딕셔너리의 값만 변경해주기 때문에 이 함수는 2인용에서도 그대로 재사용이 가능합니다.

```
mario = {
    'xpos': 10,
    'ypos': 0,
    'point': 0,
    'energy': 100
}

mario_2p = {
    'xpos': 10,
    'ypos': 0,
    'point': 0,
    'energy': 100
}

def move(data, xoffset, yoffset):
```

```
    data['xpos'] += xoffset
    data['ypos'] += yoffset

# 이동
move(mario, 20, 0)
move(mario_2p, 30, 0)
print("mario 1P", mario['xpos'], mario['ypos'])
print("mario 2P", mario_2p['xpos'], mario_2p['ypos'])
```

위 코드는 마리오1P를 (20, 0) 만큼 이동하고 마리오2P를 (30, 0) 만큼 이동시킨 코드입니다. 코드를 실행하면 다음과 같이 잘 이동된 것을 확인할 수 있습니다.

```
mario 1P 30 0
mario 2P 40 0
```

지금까지 작성한 코드는 절차지향 프로그래밍 방식입니다. 물론 이 방식도 잘 동작을 합니다. 다만 이 방식은 데이터와 데이터를 처리하는 함수가 따로 존재하다 보니 프로그램의 규모가 커지고 복잡해질 때 유지 보수가 어려워집니다.

아직 객체 지향 프로그래밍에 관해 자세히 배우지는 않았지만 객체 지향 프로그래밍은 프로그램을 객체라는 기본 단위로 나누고 이들의 상호 작용을 서술하는 방식입니다. 객체 지향 프로그래밍은 코드의 확장 및 재사용성이 용이합니다. 슈퍼 마리오를 객체 지향 프로그래밍으로 구현하면 다음과 같습니다.

먼저 틀이나 설계도 역할을 하는 SuperMario 클래스를 정의합니다. 붕어빵 모양의 틀이나 자동차 설계도를 만드는 작업입니다. 틀이나 설계도가 만들어졌다면 이로부터 mario_1p와 mario_2p를 생성합니다. 이렇게 설계도로부터 생성된 것을 객체라고 부릅니다. 붕어빵 틀이 클래스이고 붕어빵 틀로부터 생성된 것을 객체라고 부릅니다.

아직까지는 클래스를 이용한 객체 지향 방식의 코드가 이해는 되지 않겠지만 설계도를 먼저 만들고 설계도로부터 여러 객체를 생성하는 방식이라는 점을 기억하시기 바랍니다.

```
class SuperMario:
    def __init__(self):
        self.xpos = 10
        self.ypos = 0

    def move(self, xoffset, yoffset):
        self.xpos += xoffset
        self.ypos += yoffset

mario_1p = SuperMario()
mario_2p = SuperMario()

mario_1p.move(20, 0)    # mario_1p (20, 0) 이동
mario_2p.move(30, 0)    # mario_2p (30, 0) 이동

print("mario 1P", mario_1p.xpos, mario_1p.ypos)
print("mario 2P", mario_2p.xpos, mario_2p.ypos)
```

객체 지향 프로그래밍이 잘 이해가 되지 않는다면 붕어빵 틀을 사용해서 붕어빵을 굽는 것처럼 프로그래밍도 이런 개념을 사용하는 것이라고 이해하시면 됩니다.

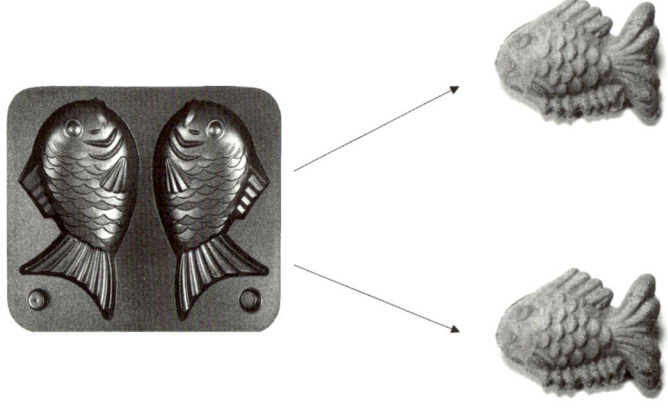

그림 8.1.3 붕어빵틀과 붕어빵

8.2 클래스 정의

클래스와 객체

객체 지향 프로그래밍은 틀이나 설계도를 이용하여 프로그래밍을 하는 방식입니다. 붕어빵 틀로부터 붕어빵을 굽고, 자동차 설계도로부터 자동차를 만드는 것처럼 설계도 역할을 하는 것을 클래스(class)라고 부르고 클래스로부터 만들어진 실체를 객체(object)라고 부릅니다. 객체는 영어 단어 발음 그대로 오브젝트라고 부르고 인스턴스(instance)라는 용어도 사용합니다. 즉, 객체, 오브젝트, 인스턴스는 같은 의미를 갖습니다.

표 8.2.1 클래스와 객체

용어	설명
클래스	설계도 역할을 하는 것 (붕어빵 틀)
객체	설계도로부터 생성된 것 (붕어빵)

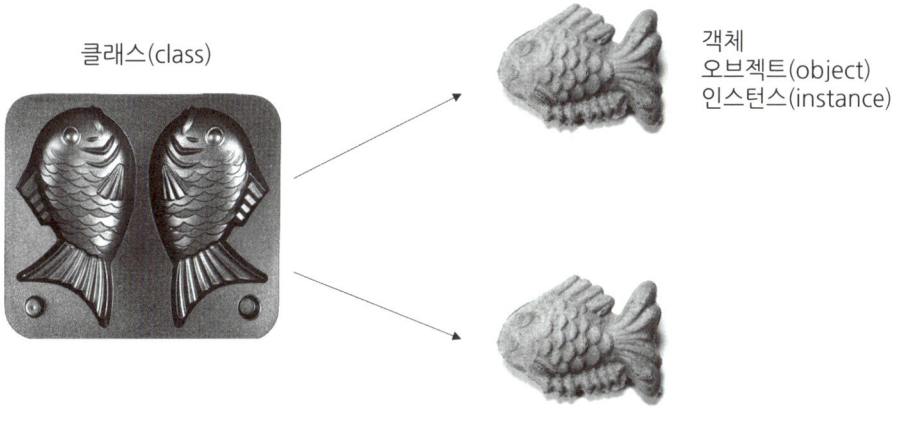

그림 8.2.1 클래스와 객체

파이썬 클래스

절차 지향 프로그래밍은 데이터와 데이터를 처리하는 함수가 파이썬 파일 안에 위치했습니다. 이와 달리 클래스를 사용하는 객체 지향 프로그래밍에서는 데이터와 이 데이터를 처리하는 함수를 클래스라는 공간 안으로 넣어주는 개념입니다.

함수와 데이터가 파일 안에서 위치하는 것이 아니라 파일 안에 클래스라는 공간을 하나 더 만들고 그 공간 안으로 데이터와 이 데이터를 처리하는 함수를 같이 넣어주는 겁니다. 예를 들어, 슈퍼마리오 게임이라면 슈퍼마리오의 좌표 데이터와 이 좌표를 움직이는 move 함수를 SuperMario라는 이름의 클래스 공간 안으로 재배치하는 겁니다.

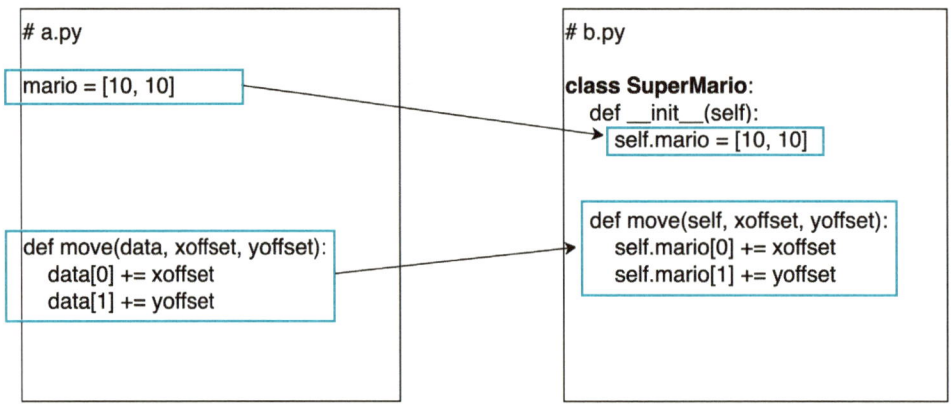

그림 8.2.2 파이썬 클래스

클래스 공간 안으로 데이터와 데이터를 처리하는 함수를 같이 넣어두고 이 틀 또는 설계도를 사용하는 것이 바로 객체 지향 프로그래밍입니다.

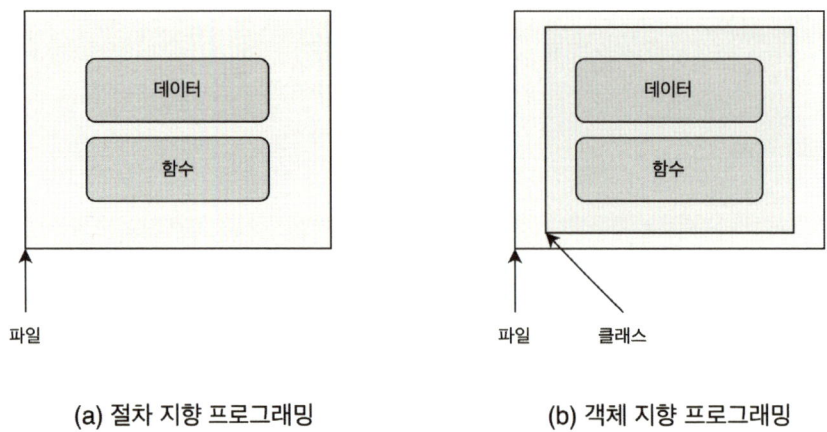

그림 8.2.3 절차 지향 프로그램과 객체 지향 프로그래밍

파이썬 클래스 정의

지금부터는 파이썬 클래스와 관련된 코딩을 하면서 클래스에 대해 좀 더 이해를 해보겠습니다. 앞서 함수를 정의하는 것이 자주 사용되는 코드를 메모리에 올려주는 일이라고 배웠습니다. 마찬가지로 클래스를 정의하면 메모리에 클래스를 위한 공간이 할당됩니다. 그 공간 안으로 변수나 함수를 넣을 수 있습니다.

먼저 붕어빵틀이라는 클래스를 정의해봅시다. 함수를 정의하는 키워드가 def였다면 클래스를 정의하는 키워드는 class입니다. 함수를 정의할 때 아무것도 코딩하고 싶지 않을 때 pass를 썼던 것처럼 클래스를 정의할 때 아무것도 넣지 않고 싶으면 pass라고 적어주면 됩니다.

```
class 붕어빵틀:
    pass
```

위 코드를 파이썬 인터프리터가 실행하면 다음과 같이 메모리의 특정 위치에 공간이 할당되고 이 공간을 붕어빵틀이라는 클래스 이름이 바인딩하게 됩니다. 초보자분들이 클래스를 매우 어려워하는데 반드시 그림으로 개념을 이해하시기 바랍니다.

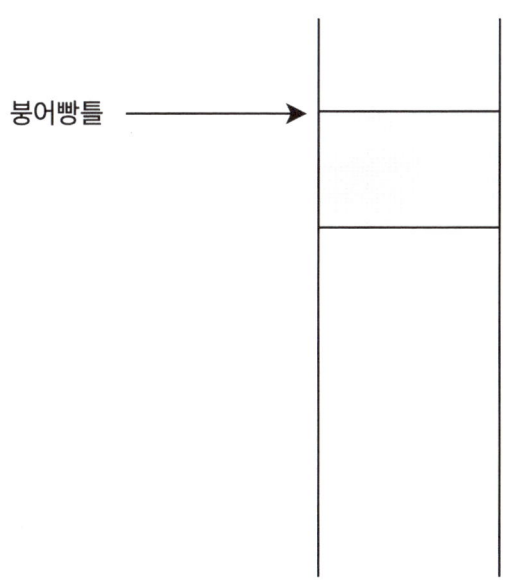

그림 8.2.4 파이썬 클래스

객체지향 프로그래밍은 틀이나 설계도 역할을 하는 클래스를 사용하여 프로그래밍하는 것을 의미합니다. 우리 주변에서는 붕어빵 틀을 사용해서 붕어빵을 굽거나 자동차 설계도로부터 자동차를 만드는 방식입니다. 앞서 여러분들은 붕어빵틀이라는 클래스를 정의했습니다. 즉, 틀이나 설계도 역할을 하는 것을 만들었습니다. 이제 이로부터 객체를 생성해보겠습니다. 객체를 생성하는 문법은 클래스 이름을 적고 괄호를 적어주면 됩니다. 이는 함수를 정의하고 함수 이름을 통해 함수를 호출하는 것과 동일합니다.

```
클래스이름( )
```

앞서 작성한 코드를 다음과 같이 업데이트한 후 다시 실행해봅시다. 파이썬 인터프리터가 이 코드를 실행하면 메모리에 붕어빵틀이라는 클래스 공간과 내빵이라는 객체 공간을 각각 할당합니다.

```
class 붕어빵틀:
    pass

내빵 = 붕어빵틀( )
```

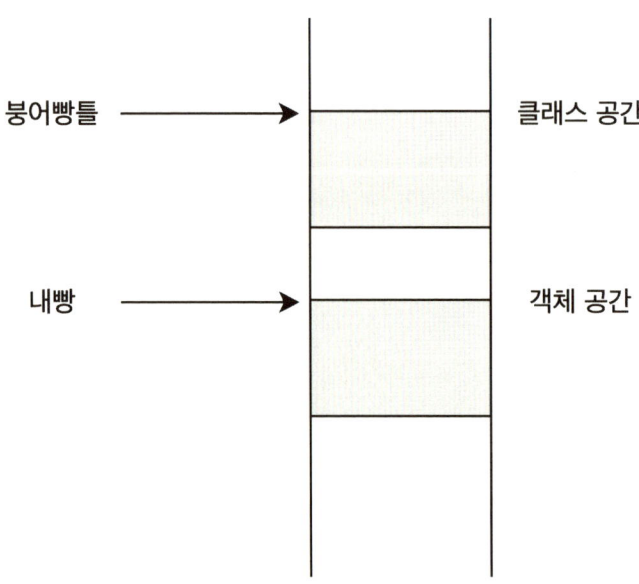

그림 8.2.5 파이썬 클래스와 객체

붕어빵을 구울 때 붕어빵 틀을 사용하는 이유는 틀을 사용하면 여러 개의 붕어빵을 쉽게 구울 수 있기 때문입니다. 객체지향 프로그래밍 정의된 클래스를 사용함으로써 여러 객체를 쉽게 생성할 수 있습니다. RPG 게임을 보면 기사, 마법사, 군주, 요정 등의 캐릭터를 만들 수 있는데 게임을 만드는 프로그래머 입장에서는 기사 캐릭터 10개를 생성한다고 할 때 이미 정의된 클래스를 사용하면 쉽게 만들 수 있게 됩니다.

앞서 작성한 코드에 너빵이라는 객체를 추가로 생성해봅시다.

```
class 붕어빵틀:
    pass

내빵 = 붕어빵틀()
너빵 = 붕어빵틀()
```

위 코드를 파이썬 인터프리터가 실행했을 때 메모리의 상태를 직접 그려보시기 바랍니다. 다음과 같이 한 개의 클래스 공간과 두 개의 객체 공간이 할당됩니다.

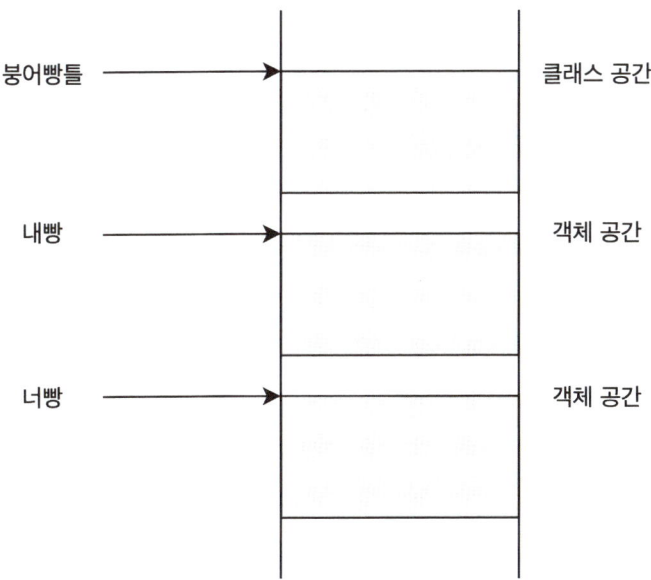

그림 8.2.6 파이썬 클래스와 여러 객체

객체 공간과 데이터

여러분들이 붕어빵을 두 개를 굽고 하나에는 "딸기맛" 앙꼬를 다른 하나에는 "초코맛" 앙꼬를 넣었다고 가정해봅시다. 앙꼬는 붕어빵 틀에 있는게 아니라 붕어빵에 존재하며 두 붕어빵은 서로 다른 맛이 납니다. 이와 마찬가지로 클래스로부터 여러 객체를 만들고 각 객체마다 다른 데이터를 넣을 수 있습니다. 여러분들이 은행에 가서 통장을 개설하고 그 안에 잔고를 넣는 것을 생각해보면 아버지 통장이랑, 어머니 통장이랑 여러분 통장이랑 모양은 같지만 그 안에 내용인 잔고는 다른 것과 같습니다.

이번에는 객체 공간에 직접 데이터를 넣어보는 것을 코딩해봅시다. 코드를 다음과 같이 업데이트한 후 실행합니다.

```
class 붕어빵틀:
    pass

내빵 = 붕어빵틀()
너빵 = 붕어빵틀()
내빵.앙꼬 = "딸기맛"
너빵.앙꼬 = "초코맛"
```

내빵이라는 변수는 객체 공간을 바인딩합니다. 변수 다음에 점(.)을 찍으면 그 공간 안을 의미합니다. 따라서 **내빵.앙꼬 = "딸기맛"** 은 내빵이 가리키는 메모리 공간안에 변수인 앙꼬와 값인 딸기맛이 저장되는데 이때 딕셔너리가 사용되어 {"앙꼬": "딸기맛"} 으로 저장됩니다. 마찬가지로 너빵이 가리키는 객체 공간에는 {"앙꼬": "초코맛"} 이 저장됩니다.

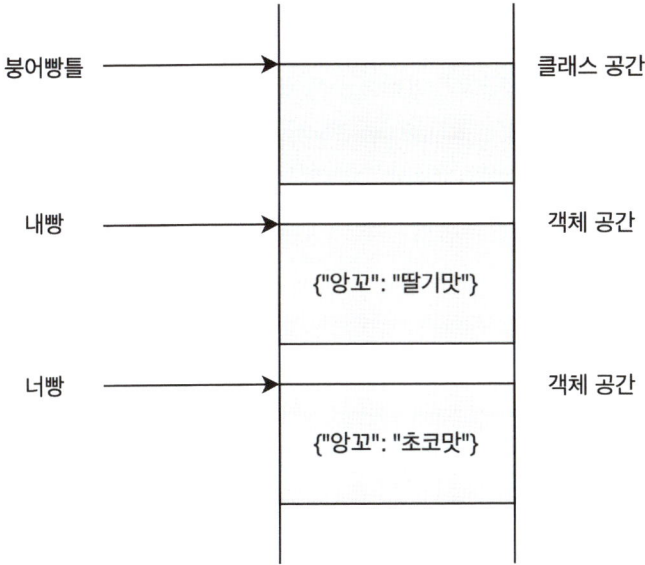

그림 8.2.7 객체 공간과 데이터

객체 공간의 데이터 접근하기

앞서 여러분이 클래스로부터 생성한 객체에는 데이터가 들어있었습니다. 생성된 객체는 내빵이라는 변수와 너빵이라는 변수가 각각 바인딩하고 있기 때문에 점(.)을 찍고 변수 이름을 적어주면 객체 공간에 저장된 값에 접근할 수 있습니다.

```
class 붕어빵틀:
    pass

내빵 = 붕어빵틀()
너빵 = 붕어빵틀()

내빵.앙꼬 = "딸기맛"
너빵.앙꼬 = "초코맛"

print(내빵.앙꼬)
print(너빵.앙꼬)
```

연습 문제 [풀이 243p]

[1] 암호화폐라는 이름의 클래스를 정의하세요. 클래스 안에는 아무 내용도 없습니다.

[2] 암호화폐 클래스로부터 두 개의 객체를 생성하세요. 첫 번째 객체에는 티커라는 변수에 "비트코인"이라는 값을 저장하고 두 번째 객체에는 티커라는 변수에 "이더리움"이라는 값을 저장하세요.

[3] 문제 [2]에서 생성한 두 객체 안에 있는 티커 변수가 바인딩하는 값을 출력하세요.

[4] 현대차라는 이름의 클래스를 정의하고 두 객체를 생성합니다. 첫 번째 객체에는 차종이라는 변수에 "소나타"를 저장하고 두 번째 객체에는 차종이라는 변수에 "그랜저"를 저장하세요. 그리고 생성한 객체의 차종의 화면에 출력하세요.

[5] 계좌라는 이름의 클래스를 정의하세요. 정의된 계좌 클래스로부터 두 개의 객체를 생성합니다. 다음 표를 참조하여 각 객체 변수와 값을 추가합니다. 그다음 두 객체에 저장된 이름과 잔고를 화면에 출력해보세요.

객체-1

속성	값
이름	김철수
잔고	500

객체-2

속성	값
이름	이영희
잔고	1000

8.3 클래스와 메서드

클래스와 메서드

앞서 클래스는 데이터와 데이터를 처리하는 함수를 포함한다고 이야기했습니다. 클래스 안에 정의된 함수를 특별히 메서드(method)라고 부릅니다. 이러한 메서드는 클래스의 동작을 표현하는데 사용됩니다. 예를 들어, 슈퍼 마리오 클래스는 점프, 앞으로 이동, 뒤로 이동, 공격과 같은 메서드를 가질 수 있습니다.

데이터는 클래스 공간과 객체 공간에 모두 저장될 수 있는데 일반적으로 객체 공간에 저장됩니다. 왜냐하면 각 객체는 동일한 클래스로부터 생성되었지만 데이터는 서로 달라야하기 때문에 데이터를 클래스 공간이 아니라 객체 공간에 저장하는 겁니다. 앞서 설명드린 것처럼 여러분의 가족이 국민은행에서 통장을 개설하면 통장의 모습은 똑같지만 그 안의 잔고는 모두 다른 것을 생각하시면 쉽습니다.

클래스에 메서드 추가하기

이전 절에서 붕어빵 클래스로부터 생성된 객체 공간에 앙꼬를 넣을 때 다음과 같이 직접 객체 공간에 넣었습니다. 붕어빵 객체가 여러 개 일 때 이런 반복적인 코드가 여러 번 사용됩니다. 따라서 앙꼬를 넣는 행위를 함수로 만들고 클래스 안으로 정의해주면 이를 메서드라고 부릅니다.

```
class 붕어빵틀:
    pass

내빵 = 붕어빵틀()
내빵.앙꼬 = "딸기맛"
```

먼저 붕어빵에 앙꼬를 넣는 함수를 만들어봅시다. 함수의 인자로 두 개가 필요합니다. 첫 번째는 어떤 붕어빵에 넣을지를 입력 받아야 하고, 두 번째 실제로 넣을 앙꼬를 입력 받아야합니다. 다음 코드를 보면 첫 번째 인자로 어떤 붕어빵 객체인지를 구분하기 위한 값을 입력 받으며 두 번째로 넣을 앙꼬를 입력받습니다. 함수의 동작은 '어떤빵'이 가리키는 공간에 앙꼬라는 변수가 넣을앙꼬가 바인딩하는 값을 바인딩합니다.

```
def 앙꼬넣기(어떤빵, 넣을앙꼬):
    어떤빵.앙꼬 = 넣을앙꼬
```

이제 이 함수를 붕어빵틀 클래스로 들여쓰기만 해주면 됩니다. 다음 코드는 클래스 공간에 앙꼬넣기라는 메서드가 존재합니다.

```
class 붕어빵틀:
    def 앙꼬넣기(어떤빵, 넣을앙꼬):
        어떤빵.앙꼬 = 넣을앙꼬

내빵 = 붕어빵틀()
```

위 코드를 실행한 후 메모리의 상태는 다음과 같습니다. 클래스 공간에 메서드가 저장된 것을 확인할 수 있습니다.

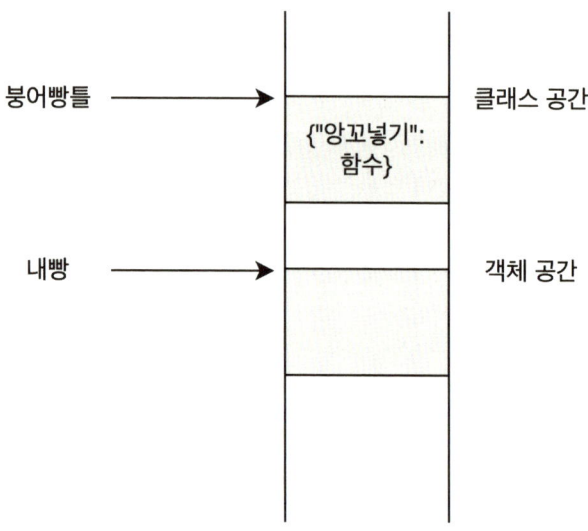

그림 8.3.1 클래스 공간과 메서드

메서드 호출하기

함수를 정의했다면 함수이름()과 같은 형태로 함수를 호출할 수 있었습니다. 메서드 역시 클래스 공간안에 위치하는 함수이므로 동일하게 호출이 가능합니다. 다만 클래스 안에 위치하기 때문에 먼저 클래스이름을 통해 클래스 공간에 접근해야 합니다. 클래스 공간에 접근하려면 클래스 이름에 점(.)을 찍어주면 됩니다.

표 8.3.1 함수와 메서드

구분	호출 구문
함수	함수이름( )
메서드	클래스이름.메서드이름( )

다음과 같이 메서드를 호출해봅시다. 앙꼬넣기 메서드는 두 개의 인자가 필요합니다. 우리는 내빵에 "딸기맛" 앙꼬를 넣을 것이기 때문에 첫 번째 인자로 내빵을 넘겨주고 두 번째 인자로 "딸기맛"이라는 문자열을 넘겨주면 됩니다.

```
class 붕어빵틀:
    def 앙꼬넣기(어떤빵, 넣을앙꼬):
        어떤빵.앙꼬 = 넣을앙꼬

내빵 = 붕어빵틀()
# 메서드 호출하기
붕어빵틀.앙꼬넣기(내빵, "딸기맛")
```

앞서 여러 번 강조 드렸던 함수 호출 과정을 그림으로 그렸던 것을 떠올리며 메서드가 호출될 때를 그림으로 그려봅시다. 함수 또는 메서드 호출의 1단계는 '인자값 바인딩' 이었습니다. 메서드 정의부의 매개변수 '어떤빵'은 인자로 전달된 내빵을 바인딩하고, 매개변수 '넣을앙꼬'는 인자로 전달된 '딸기맛'이라는 문자열을 바인딩합니다. 매개변수는 메서드가 호출되는 동안에만 유효하기 때문에 오른쪽 편에 나타냈습니다.

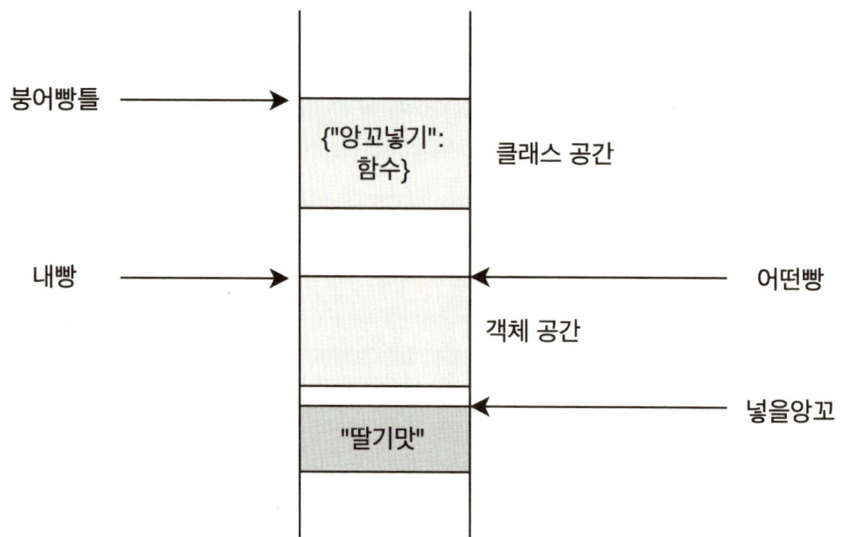

그림 8.3.2 메서드 호출 1단계

함수나 메서드 호출 2단계가 실행되면 들여쓰기된 코드가 실행됩니다. 다음 코드의 의미는 어떤빵이라는 변수가 바인딩하는 공간에 앙꼬라는 변수가 넣을앙꼬라는 변수가 바인딩하는 값을 바인딩하게 합니다. 앞서 설명해 드린 것처럼 내부적으로는 딕셔너리를 사용하여 변수인 앙꼬와 값인 넣을앙꼬가 저장됩니다. 참고로 현재 넣을앙꼬는 "딸기맛"이라는 문자열을 바인딩하고 있는 상태입니다.

```
어떤빵.앙꼬 = 넣을앙꼬
```

이제 메모리 상태는 다음과 같이 변경됩니다. 차이점은 어떤빵이라는 매개변수가 가리키는 공간에 {"앙꼬": "딸기맛"} 이 저장됐다는 겁니다.

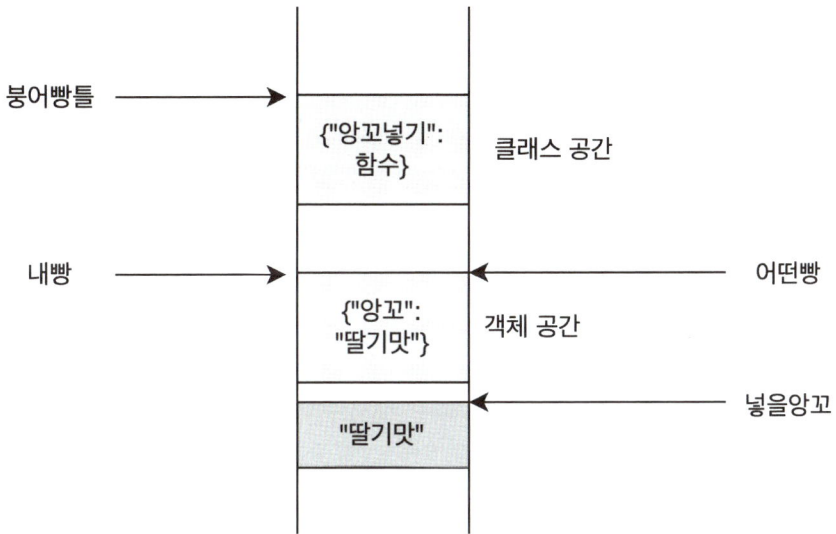

그림 8.3.3 메서드 호출 2단계

함수 호출의 3단계는 리턴입니다. 함수가 리턴되면 매개변수는 소멸되고 매개변수가 바인딩하는 값도 메모리에서 정리됩니다. 그리고 인터프리터는 함수 호출부로 다시 돌아갑니다.

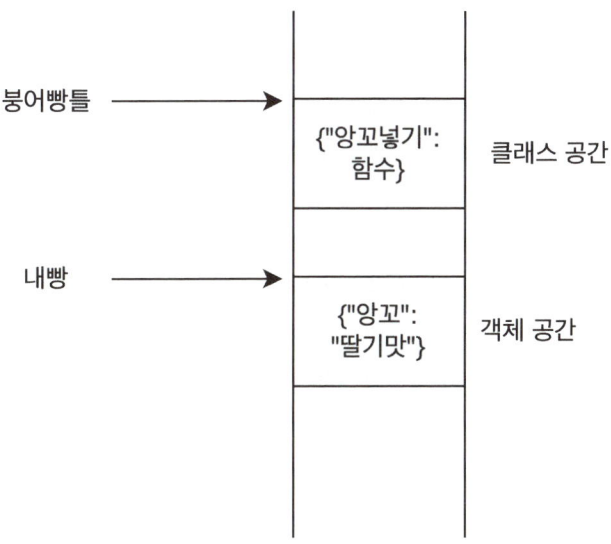

그림 8.3.4 메서드 호출 3단계

함수나 메서드의 호출 과정을 그림으로 그려보면서 이해하는 것은 파이썬 코드를 이해하는 데 있어 매우 중요합니다. 다시 한번 내용을 읽어보면서 각 단계별로 직접 그림을 그려보시기 바랍니다.

연습 문제 [풀이 245p]

[1] 앞서 정의한 붕어빵 클래스로부터 내빵과 너빵 객체를 생성합니다. 붕어빵 클래스의 앙꼬넣기 메서드를 호출하여 내빵에는 "딸기맛" 너빵에는 "초코맛" 앙꼬를 넣어보세요. 그리고 각 붕어빵에 있는 앙꼬를 화면에 출력해보세요.

[2] 계좌 클래스를 정의하세요. 계좌 클래스에 개설이라는 메서드를 정의합니다. 개설 메서드는 다음과 같이 총 3개의 매개변수로 정의됩니다. 개설 메서드를 호출하면 메서드 호출 시 전달한 이름과 잔고를 객체에 저장해야 합니다.

```
def 개설(누구계좌, 이름, 잔고):
    # 여기에 적당히 구현하세요.
```

[3] 앞서 정의한 계좌 클래스로부터 김씨와 이씨 계좌를 생성하세요. 그다음 개설 메서드를 호출하여 다음 정보를 각 객체 공간에 저장하세요

객체-1

속성	값
이름	김철수
잔고	500

객체-2

속성	값
이름	이영희
잔고	1000

[4] 계좌 클래스에 출력이라는 메서드를 추가합니다. 출력이라는 메서드는 다음과 같이 정의되며 메

서드가 호출되면 누구계좌에 있는 '이름'과 '잔고'를 출력합니다.

```
def 출력(누구계좌):
    # 여기에서 누구계좌 안의 이름과 잔고를 출력하는 코드 작성
```

8.4 파이썬 클래스 self 이해하기

클래스와 메서드

프로그램은 데이터와 데이터를 처리하는 함수로 구성됩니다. 클래스를 사용하는 객체 지향 프로그래밍에서는 함수를 클래스 공간에 저장하고 데이터는 클래스로부터 생성된 객체에 저장합니다.

 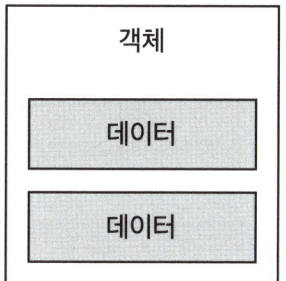

그림 8.4.1 클래스 공간과 객체 공간

데이터는 각 객체에 저장됨으로써 서로 다른 객체 있는 데이터와 별도로 유지되게 됩니다. 여러분들의 계좌 잔고와 부모님의 계좌 잔고가 전혀 다른 것을 생각하면 쉽습니다. 데이터는 일반적으로 각 객체 공간 안에 저장되는 것이 좋습니다. 이와 달리 메서드는 여러 객체에 의해서 호출됩니다. 따라서 여러 객체가 참조할 수 있는 클래스 공간에 위치하게 됩니다. 일상생활에서 예를 들어보면 은행의 ATM 기기는 각 고객마다 할당되는 것이 아닙니다. 기계는 한 대인데 고객이 카드를 입력하면 각 고객의 데이터를 참조하여 인출을 해주거나 예금을 해주는 겁니다. 여기에서 어떤 기능을 하는 ATM은 여러 사람(객체)에 의해서 공유되고 있는 겁니다.

그림으로 정리해보면 메서드는 여러 객체에 의해서 참조되는 함수이므로 여러 객체에서 참조할 수 있도록 클래스 공간에 위치하며 데이터는 각 객체가 서로 참조할 필요가 없기 때문에 각 객체 내에 저장됩니다. 물론 여러 객체에 의해서 참조되어야 하는 변수는 클래스 공간에 저장되기는 하지만 그런 경우는 일반적이지 않습니다.

예를 들어, 여러분들이 통장에서 다른 사람의 정보를 여러분들이 알아야 하는 것이 있을까요? 다른 사람의 잔고라든지 이름이라든지 이런 정보를 여러분들이 알아서도 안 되고 알 필요도 없는 겁니다. 이처럼 일반적으로 객체가 서로 공유하는 데이터는 흔하지 않습니다. 그래서 초보자일 때는 대부분의 데이터는 객체에 저장된다고 이해해도 좋습니다.

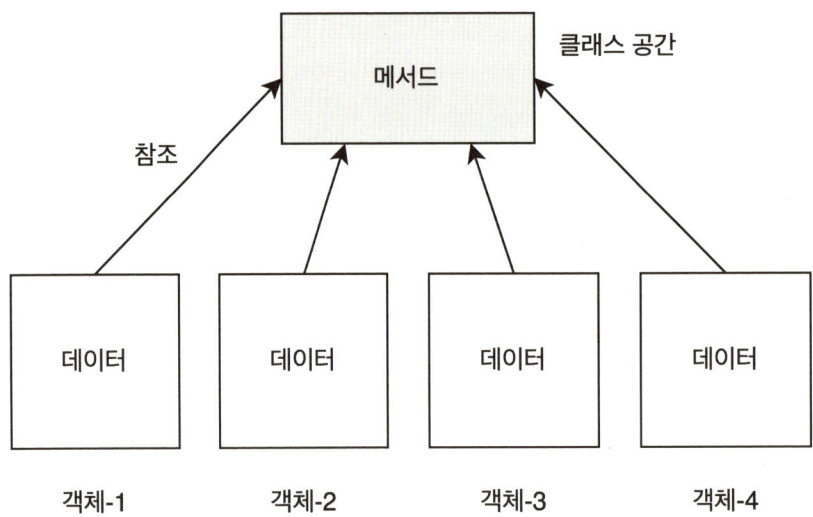

그림 8.4.2 클래스 공간과 여러 객체 공간

정리하면 클래스 공간과 객체 공간은 메모리에 서로 다른 영역에 할당되며 다음 역할을 수행합니다. 참고로 객체는 클래스로부터 생성되며 여러 개가 생성될 수 있습니다.

표 8.4.1 클래스 공간과 객체 공간 비교

구분	역할
클래스 공간	여러 객체에 의해 참조되는 메서드(함수)를 저장하는 공간
객체 공간	각 객체 고유의 데이터를 저장하는 공간

파이썬 클래스와 self

지금까지 여러분이 구현한 붕어빵틀과 계좌 클래스를 살펴봅시다. 먼저 붕어빵틀 클래스입니다. 붕어빵틀 클래스는 붕어빵(객체)을 생성할 수 있습니다. 생성한 붕어빵에 앙꼬를 넣을 때 앙꼬넣기 메서드를 사용합니다. 앙꼬넣기 메서드의 첫 번째 인자는 여러 붕어빵 중에서 현재 앙꼬를 넣을 붕어빵을 바인딩하기 위한 파라미터입니다. 넣을앙꼬는 붕어빵에 넣고자 하는 앙꼬를 바인딩하는 변수입니다.

```
class 붕어빵틀:
    def 앙꼬넣기(어떤빵, 넣을앙꼬):
        어떤빵.앙꼬 = 넣을앙꼬    # 넣을앙꼬는 함수의 파라미터, 앙꼬는 객체 내의 변수
```

이번에는 계좌 클래스를 살펴봅시다. 계좌 클래스 역시 계좌를 위한 클래스입니다. 여러 객체를 생성할 수 있으며 개설이라는 메서드를 호출하여 계좌별로 이름과 잔고를 입력할 수 있습니다. 다음 코드에서 =을 기준으로 오른쪽의 이름은 메서드의 파라미터로 메서드의 호출 시 인자를 바인딩합니다. =을 기준으로 왼쪽의 이름은 객체 내에 생성되는 변수를 의미합니다.

```
class 계좌:
    def 개설(누구계좌, 이름, 잔고):
        누구계좌.이름 = 이름    # 오른쪽 이름은 함수의 파라미터, 왼쪽은 객체 내의 변수
        누구계좌.잔고 = 잔고
```

붕어빵틀과 계좌는 서로 다른 역할을 하는 클래스이지만 메서드를 잘 살펴보면 유사한 점이 있습니다. 앙꼬넣기와 개설 메서드 모두 첫 번째 파라미터의 이름은 다르지만 그 역할은 동일합니다. 여러 붕어빵 중 현재 메서드가 호출될 때 데이터를 넣을 붕어빵을 바인딩하기 위해 어떤빵을 사용하며, 여러 계좌 중 현재 메서드가 호출될 때 데이터를 넣을 계좌를 바인딩하기 위해 누구계좌라는 변수를 사용합니다. 이는 은행 ATM기에 넣는 카드와 같은 역할을 합니다. ATM기에 여러분의 카드를 넣으면 그 순간 여러분의 계좌로부터 입금/출금이 가능한 것처럼 말이죠.

파이썬에서는 관례적으로 클래스 내의 함수인 메서드의 첫 번째 파라미터의 이름을 통일해서 사용

합니다. 그 이름이 바로 self 입니다. 붕어빵 클래스에서 어떤빵이라는 변수를 self로 치환해 봅시다.

```
class 붕어빵틀:
    def 앙꼬넣기(self, 넣을앙꼬):
        self.앙꼬 = 넣을앙꼬   # 넣을앙꼬는 함수의 파라미터, 앙꼬는 객체 내의 변수
```

마찬가지로 계좌 클래스에서 누구계좌라는 변수를 self로 치환해 봅시다.

```
class 계좌:
    def 개설(self, 이름, 잔고):
        self.이름 = 이름   # 오른쪽 이름은 함수의 파라미터, 왼쪽은 객체 내의 변수
        self.잔고 = 잔고
```

이것이 바로 파이썬 self의 정체입니다. 정리해보면 self는 메서드가 호출될 때 해당 메서드가 참조할 객체를 바인딩하는 변수입니다. 그래서 클래스 안에 정의된 모든 메서드의 첫 번째 인자로 self를 사용하는 겁니다.

연습 문제 [풀이 246p]

[1] 계좌 클래스를 정의하세요. 계좌 클래스는 개설이라는 메서드를 가집니다. 개설 메서드는 이름과 잔고를 입력받아 이를 어떤 객체에 저장합니다. 이를 위해 개설 메서드는 첫 번째 인자로 self를 사용합니다. 클래스를 정의했다면 다음 철수와 영희라는 객체를 생성하고 표를 참조하여 각 값을 객체에 저장해봅시다.

객체-1

속성	값
이름	김철수
잔고	500

객체-2

속성	값
이름	이영희
잔고	1000

[2] 계좌 클래스에 출력이라는 메서드를 추가하세요. 출력 메서드는 첫 번째 인자로 출력할 데이터를 가져올 객체를 바인딩하기 위해 self라는 변수를 사용합니다. 출력 메서드를 추가했다면 다시 철수와 영희 객체를 생성한 후 각 객체에 저장된 값을 출력해보세요.

8.5 메서드 호출 방식

메서드 호출

앞서 메서드의 첫 번째 인자는 self이고 self는 메서드 호출 시 어떤 객체를 바인딩한다고 했습니다. 다음 코드를 실행해봅시다.

```
class 붕어빵틀:
    def 앙꼬넣기(self, 앙꼬):
        self.앙꼬 = 앙꼬   # 오른쪽 앙꼬는 파라미터, 왼쪽 앙꼬는 객체 내의 변수

내빵 = 붕어빵틀() # 객체 생성
붕어빵틀.앙꼬넣기(내빵, "딸기맛")

print(내빵.앙꼬) # 내빵이 가리키는 객체 내에서 앙꼬 변수 참조
```

붕어빵틀 클래스로부터 내빵이라는 하나의 객체를 생성했습니다. 그리고 내빵에 앙꼬를 넣기 위해서 붕어빵틀 클래스 공간에 있는 앙꼬넣기를 호출합니다. 이때 첫 번째 인자로 내빵을 넣어주고 두 번째 인자로 "딸기맛"을 전달했습니다.

내빵에 저장된 앙꼬를 참조하기 위해 **내빵.앙꼬** 를 화면에 프린트합니다. 앞서 객체와 클래스 공간에서 점(.)은 그 안을 의미한다고 했습니다. 따라서 **내빵.앙꼬** 는 내빵이라는 변수가 바인딩하는 객체 공간안에서 앙꼬라는 변수를 찾고 이를 출력합니다. 위 코드가 실행될 때의 메모리 상태를 그림으로 그려봅시다.

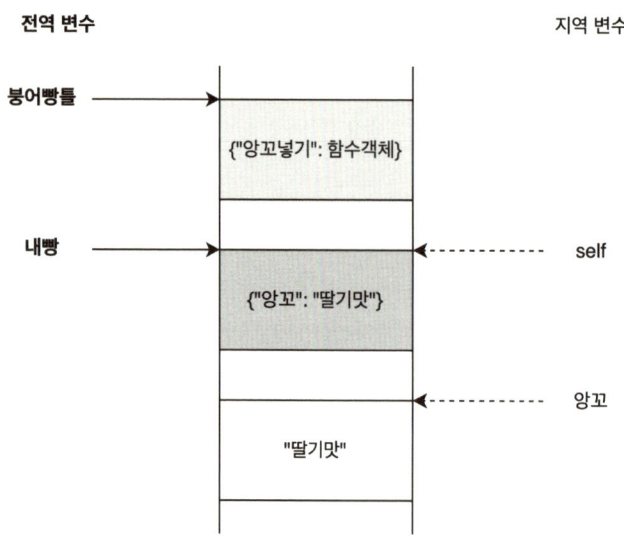

그림 8.5.1 메서드 호출 시의 메모리 상태

붕어빵틀은 클래스 공간을 바인딩하며 내빵은 객체 공간을 바인딩합니다. 두 변수 모두 전역변수로 앙꼬넣기 메서드 호출 이후에도 계속 존재합니다. 이와달리 self와 앙꼬는 앙꼬넣기 메서드가 호출되는 시점에만 잠깐 생겼다가 없어지는 지역변수입니다. 여기서 중요한 점은 self라는 파라미터 위치로 메서드 호출시 내빵이 전달되었습니다. 따라서 self라는 변수는 내빵 이라는 전역변수가 바인딩하는 객체 공간을 바인딩한다는 점입니다.

새로운 메서드 호출 방식

클래스의 정의된 메서드는 다음 두 가지 방식으로 호출이 가능합니다.

표 8.5.1 메서드 호출 방식의 비교

방식	코드 예시	특징
클래스공간으로부터 호출	붕어빵틀.앙꼬넣기 (내빵, "딸기맛")	-
객체로부터 호출	내빵.앙꼬넣기 ("딸기맛")	self 자리에 사용자가 인자를 넘겨 줄 필요가 없음

메서드는 클래스 공간에 저장되기 때문에 다음 코드는 직관적입니다. 메서드의 파라미터 개수 만큼 메서드 호출 시 전달해야합니다. 특히 첫 번째 인자는 객체를 전달해야 함에 주의해야 합니다. 메서드는 클래스 공간에 저장되어 여러 객체에서 사용될 수 있기 때문에 어떤 객체에서 데이터를 가져올지를 알려주는 역할의 변수가 필요하고 이게 바로 self입니다.

붕어빵틀.앙꼬넣기(내빵, "딸기맛")

새로운 메서드 호출 방식은 객체로부터 호출하는 겁니다. 다음 코드의 의미를 해석해보면 내빵에 "딸기맛" 앙꼬를 넣겠다로 더 쉽게 읽혀집니다. 이때 주의할 점은 첫 번째 파라미터인 self 자리로 사용자가 인자를 넘겨줄 필요가 없다는 겁니다. 따라서 실제 메서드의 정의부에서는 파라미터가 두 개이지만 메서드를 호출할 때는 self를 제외한 나머지 파라미터에 값을 넘겨주면 됩니다.

내빵.앙꼬넣기("딸기맛")   # self 파라미터는 자동으로 넘어옴

메서드 호출 이해하기

메서드를 호출하는 두 가지 방식이 있음을 배웠습니다. 일반적으로 객체를 이용한 메서드 호출 방식을 사용합니다.

내빵.앙꼬넣기("딸기맛")   # self 파라미터는 자동으로 넘어옴

여기까지 이해가 되셨다면 여러분들이 지금까지 배웠던 파이썬 문법을 한 번 살펴봅시다. 다음 코드는 리스트 클래스의 객체를 생성한 후 해당 객체로부터 append 메서드를 호출하게 됩니다. 당연히 append 메서드의 첫 번째 인자 self에는 메서드를 호출하는 객체인 a가 자동으로 전달됩니다. 즉, 원소를 추가하는 append 메서드는 a 객체에 원소를 추가하게 되는 겁니다.

```
a = [1, 2, 3]       # list 클래스의 객체 생성
a.append(4)         # list 클래스의 정의된 append 메서드를 a 객체에 대해서 호출
```

이번에는 문자열 관련 코드를 살펴봅시다. 문자열 클래스로부터 객체를 생성하고 해당 객체를 b라는 변수가 바인딩합니다. 따라서 b라는 변수를 통해 문자열 클래스에 있는 메서드를 호출할 수 있습니다.

```
b = "hello"     #  b는 문자열 클래스의 객체
b.upper()       # 문자열 클래스의 upper 메서드 호출 (b 객체에 대해서)
```

이처럼 파이썬의 거의 모든 문법은 클래스를 기반으로 합니다. 따라서 클래스에 대한 이해도에 따라 전체적인 문법 이해도가 달라집니다.

8.6 생성자

붕어빵을 굽는 방식

앞서 여러분은 붕어빵틀 클래스로부터 붕어빵을 굽고 앙꼬넣기 메서드를 호출하여 앙꼬를 넣었습니다.

```
class 붕어빵틀:
    def 앙꼬넣기(self, 앙꼬):
        self.앙꼬 = 앙꼬   # 오른쪽 앙꼬는 파라미터, 왼쪽 앙꼬는 객체 내의 변수
```

```
내빵 = 붕어빵틀()          # 객체 생성
내빵.앙꼬넣기("딸기맛")    # 객체로부터 메서드 호출 (self 자리는 자동 전달)
```

그런데 주변에 이런 식으로 붕어빵을 굽는 사람 본 적이 있습니까? 보통은 붕어빵을 다 구운 후에 앙꼬를 넣는게 아니라 붕어빵을 굽기 시작할 때부터 앙꼬를 넣습니다. 이와 마찬가지로 객체를 생성한 후 해당 객체에 데이터를 넣는 것이 아니라 객체가 생성될 때 데이터를 넣어주는 것이 편리합니다. 파이썬은 이를 위해 객체가 생성될 때 파이썬 인터프리터에 의해 자동으로 호출되는 특별한 메서드를 제공합니다. 중요한 점은 메서드를 사용자가 호출하는게 아니라 객체가 생성되면 자동으로 호출이 된다는 점입니다. 이 메서드를 생성자라고 부르며 __init__ 이라는 이름을 가집니다.

다음 코드는 붕어빵틀에 생성자를 추가한 겁니다. 생성자의 첫 번째 인자는 다른 메서드와 마찬가지로 self입니다.

```
class 붕어빵틀:
    def __init__(self):
        print("붕어빵 구어짐")
```

앞서 생성자는 객체가 생성될 때 자동으로 호출된다고 했습니다. 정말로 호출이 되는지 붕어빵 객체를 생성해봅시다.

```
내빵 = 붕어빵틀()
```

위 코드를 실행하면 화면에 '붕어빵 구어짐'이 출력됩니다. 이는 객체가 생성될 때 파이썬 인터프리터가 __init__ 메서드를 호출했기 때문입니다. 참고로 생성자가 호출될 때 self 파라미터에는 당연히 내빵이라는 변수가 가리키는 객체가 넘어옵니다. 앞서 메서드의 첫 번째 파라미터 self는 해당 메서드를 호출한 객체가 자동으로 넘어온다고 했습니다. 따라서 생성자는 내빵이라는 객체가 생성되면서 호출됐기 때문에 self 자리로 내빵이 넘어오는 겁니다.

생성자의 특징에 대해서 간단히 정리해보겠습니다.

- **생성자의 이름은 __init__ 이다.**
- **생성자는 객체가 생성될 때 자동으로 호출된다.**

앞서 붕어빵틀 클래스에서는 객체를 생성한 후 앙꼬넣기 메서드를 호출하여 앙꼬를 넣었습니다. 생성자를 사용하면 객체가 생성될 때 앙꼬를 넣을 수 있습니다. 기존의 앙꼬넣기 메서드의 이름을 __init__ 으로 변경합니다. 객체가 생성될 때 이제 자동으로 앙꼬를 넣는 생성자가 호출될 것입니다. 여기서 주의할 점은 이제 객체를 생성할 때 자동으로 __init__ 이 호출된다는 점입니다. 현재 __init__ 을 살펴보면 파라미터가 두 개입니다. self는 자리에는 객체가 자동으로 전달되므로 두 번째 파라미터인 앙꼬만 여러분이 인자를 전달하면 됩니다. 따라서 객체를 생성할 때 '딸기맛'이라는 앙꼬도 같이 전달해줘야 합니다.

```
class 붕어빵틀:
    def __init__(self, 앙꼬):
        self.앙꼬 = 앙꼬   # 오른쪽 앙꼬는 파라미터, 왼쪽 앙꼬는 객체 내의 변수

내빵 = 붕어빵틀("딸기맛")
```

객체를 생성할 때 앙꼬 파라미터를 전달하지 않아보겠습니다.

```
내빵 = 붕어빵틀()
```

붕어빵틀 클래스의 객체가 생성될 때 자동으로 __init__이 호출됩니다. 생성자는 현재 두 개의 파라미터를 사용합니다. 첫 번째 self 파라미터에는 자동으로 값이 전달되지만 두 번째 파라미터에는 값이 전달되지 않으므로 에러가 발생합니다.

```
TypeError: __init__() missing 1 required positional argument: '앙꼬'
```

연습문제

[풀이 247p]

[1] 사람 클래스를 정의하세요.

- 생성자를 통해 이름, 생년월일, 성별을 입력 받음
- 정보출력 메서드를 호출하면 정보를 출력함

```
>>> 나 = 사람("조대표", "19821218", "남")
>>> 나.정보출력()
1982년 12월 18일 (남) 조대표
```

[2] 다음과 같이 사용할 수 있는 비행기 클래스를 정의해보세요.

```
>>> 비행기1 = 비행기("보잉787")
>>> 비행기1.이륙()
보잉787 이륙합니다.
>>> 비행기2 = 비행기("에어버스A330")
>>> 비행기2.이륙()
에어버스A330 이륙합니다.
```

[3] 기존의 계좌 클래스를 다음과 같이 업데이트해보세요.

- 생성자에서 이름과 잔고를 입력 받기
- 출력 메서드에서 이름과 잔고 정보를 출력

8.7 클래스 상속

클래스 상속

클래스를 사용함으로써 여러 가지 이점이 있는데 이번 절에서 배울 상속도 그중 하나입니다. 자식이 부모님으로부터 재산 등을 상속받는 것처럼 기존의 클래스의 기능을 그대로 가져온 후 기능을 추가할 수 있는 것이 바로 상속(inheritance)입니다.

간단한 예제를 통해서 상속 기능을 이해해봅시다. 먼저 노래를 부를 수 있는 sing 메서드를 갖고있는 Parent 클래스를 정의하고 객체를 생성해봅시다. father 객체는 sing 메서드를 호출할 수 있습니다.

```python
class Parent:
    def sing(self):
        print("sing a song")

father = Parent()
father.sing()
```

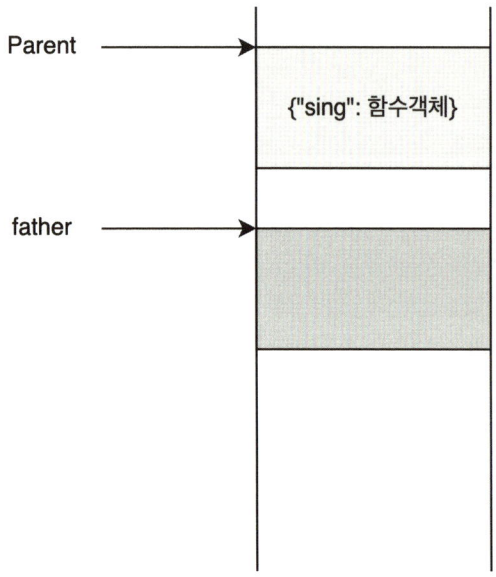

그림 8.7.1 부모 클래스와 객체

이번에는 부모의 능력을 상속 받은 LuckyChild 클래스를 정의해봅시다. LuckyChild 클래스는 어떤 메서드도 갖고 있지 않습니다. LuckyChild 클래스를 정의할 때 상속받을 Parent 클래스를 적어줍니다.

LuckyChild 클래스로부터 luckyboy 객체를 생성합니다. 그리고 sing 메서드를 호출합니다. LuckyChild 클래스에는 sing 메서드가 없지만 상속받은 Parent 클래스에 sing 메서드가 있으므로 정상적으로 호출이 됩니다. 일상생활로 예를 들면 노래를 잘 부르는 부모로부터 그 능력을 물려받은 자식이 되겠네요.

```
class Parent:
    def sing(self):
        print("sing a song")

class LuckyChild(Parent):
    pass

luckyboy = LuckyChild()
luckyboy.sing()
```

luckyboy.sing( ) 이라고 구문을 살펴보면 sing 메서드를 호출하는 겁니다. 이때 sing 메서드를 먼저 luckyboy 객체에서 찾습니다. 해당 객체에 없다면 클래스 공간인 LuckyChild에서 sing을 찾습니다. 그래도 없다면 상속받은 클래스 공간인 Parent에서 sing을 찾게 되는데 존재하므로 sing 메서드를 호출합니다.

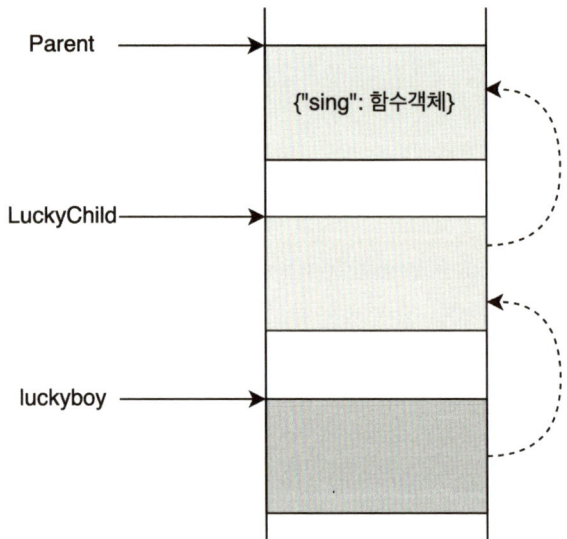

그림 8.7.2 속성 참조 순서

이번에는 부모로부터 어떤 능력도 상속받지 못한 운이 없는 자식 클래스를 정의하고 객체를 생성해 봅시다. UnLuckyChild는 상속받지 않으며 자기 자신의 메서드도 없습니다. unluckyboy 객체에서 sing을 호출하면 에러가 발생합니다.

```
class Parent:
    def sing(self):
        print("sing a song")

class UnLuckyChild:
    pass

unluckyboy = UnLuckyChild()
unluckyboy.sing()
```

unluckyboy 객체 공간에서 먼저 sing을 찾고 없으면 UnLuckyChild 클래스 공간을 찾게 됩니다. UnLuckyChild 클래스에도 없는데 상속도 받지 않았으므로 더 이상 찾을 곳이 없으며, 따라서 sing 메서드를 찾을 수 없다는 에러가 발생합니다.

```
unluckyboy.sing()
AttributeError: 'UnLuckyChild' object has no attribute 'sing'
```

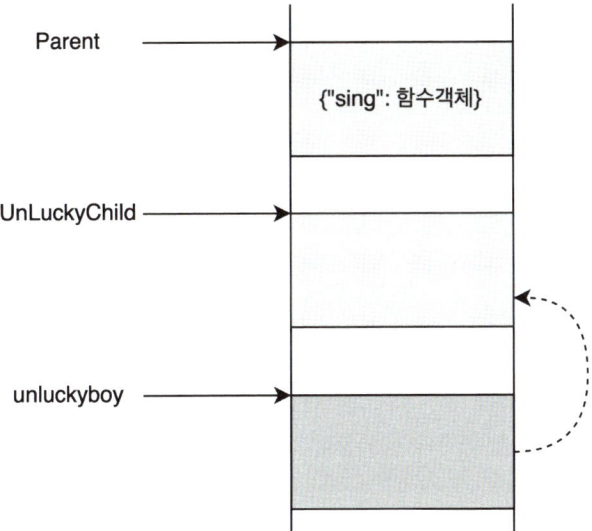

그림 8.7.3 속성 참조

이번에는 바람직한 상속 케이스를 살펴봅시다. LuckyChild 클래스는 Parent 클래스를 상속 받고 자기 자신의 dance 메서드를 가집니다. 이는 부모 클래스에는 없었던 새로운 메서드입니다. LuckyChild 클래스의 객체를 생성하면 sing 메서드와 dance 메서드 둘 다 호출이 가능합니다. 노래 능력은 부모로부터 물려받고 춤은 본인이 노력해서 얻은 것이죠.

```
class Parent:
    def sing(self):
        print("sing a song")

class LuckyChild(Parent):
    def dance(self):
        print("shuffle dance")

luckyboy = LuckyChild()
luckyboy.sing()
```

```
luckyboy.dance()
```

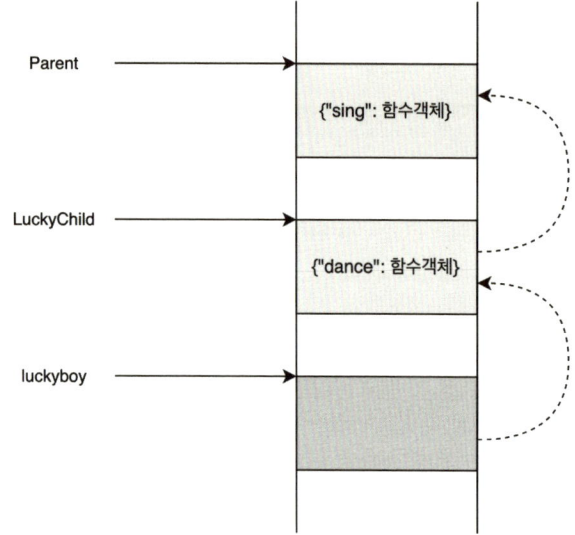

그림 8.7.4 속성 참조 (상속)

연습문제

[풀이 249p]

[1] 통장 클래스를 정의하세요.

- 생성자에서 이름, 잔고를 입력 받습니다.
- 입금 메서드와 출금 메서드가 있습니다.

[1] 마이너스 통장 클래스를 정의하세요.

- 통장 클래스를 상속 받습니다.
- 출금 메서드를 재정의합니다. 마이너스 통장은 잔고보다 출금액이 적어도 출금이 됩니다.

09

파일

이번 장에서는 파이썬을 사용하여 파일을 생성하거나 파일로부터 데이터를 읽는 방법을 공부합니다.

9.1 파이썬으로 파일 쓰기

9.2 파이썬으로 파일 읽기

9.3 pickle 모듈로 데이터 저장

9.1 파이썬으로 파일 쓰기

파일(file) 이란?

여러분은 컴퓨터를 사용하면서 파일(file)이란 용어를 많이 들어봤을 겁니다. 워드 파일, 엑셀 파일, 한글 파일, 텍스트 파일도 있고 영화나 MP3 파일도 있습니다. 이처럼 컴퓨터에 저장된 어떤 데이터를 파일이라고 합니다.

엑셀 파일   워드 파일   음악 파일

그림 9.1.1 파일의 예시

파이썬으로 텍스트 파일 쓰기

파이썬을 사용하여 텍스트 파일을 생성해봅시다. 윈도우에서는 텍스트 파일의 확장자로 *.txt를 사용하지만 사실 확장자는 사용자나 프로그램이 파일을 쉽게 구분하는 용도로 사용될 뿐 그 자체가 의미를 갖는 건 아닙니다. 예를 들어, 텍스트 파일의 확장자를 *.txt에서 .bin으로 변경한다고 해서 파일에 저장된 데이터가 변경되지는 않습니다.

파이썬으로 파일을 쓰려면 먼저 파일을 쓰기 모드로 열어야 합니다. 그다음 파일 객체를 가리키는 변수의 write 메서드를 호출하여 데이터를 파일로 적어줍니다. 마지막으로 파일을 닫아주면 정상적으로 파일이 생성됩니다.

다음 코드를 주피터 노트북에서 실행해봅시다.

```
f = open("myfile.txt", "w")
```

```
f.write("python3.6\n")
f.write("python3.7\n")
f.write("python3.8\n")

f.close()
```

open은 파이썬 내장 함수로 하드디스크에 있는 파일을 열어줍니다. 만약 파일이 없다면 새로 파일을 생성합니다. write 메서드는 데이터를 파일로 쓰며, close 메서드는 파일 객체를 닫아줍니다.

주피터 노트북에서 코드를 실행한 경우 텍스트 파일은 주피터 노트북의 실행 디렉터리에 존재합니다. 웹브라우저에서 주피터 노트북의 Home Page에서 Files 탭을 확인해보면 주피터 노트북 파일과 조금 전 생성한 myfile.txt 파일이 존재함을 알 수 있습니다.

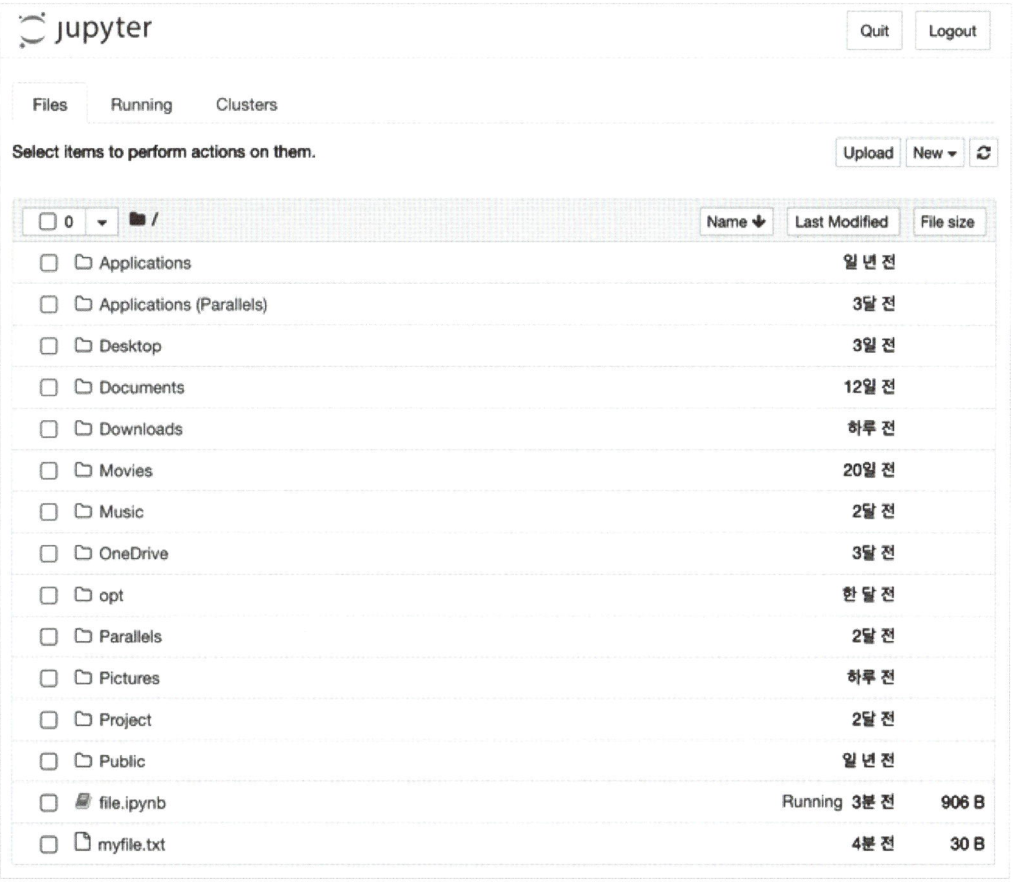

그림 9.1.2 생성된 텍스트 파일

특정 경로에 파일 쓰기

앞서 open 함수로 `myfile.txt` 라는 이름의 파일을 쓰기 모드로 열었습니다. 이때 따로 파일의 경로를 설정하지 않았기 때문에 기본적으로 주피터 노트북이나 현재 실행되는 파이썬 파일이 위치하는 디렉터리에 파일이 생성됩니다. 만약 여러분들이 `C:\` 드라이브에 바로 myfile.txt 파일을 생성하려면 파일을 열 때 다음과 같이 경로를 설정해주면 됩니다.

```
f = open("C:\\myfile.txt", "w")

f.write("python3.6\n")
f.write("python3.7\n")
f.write("python3.8\n")

f.close()
```

여기에서 한 가지 주의할 점이 있습니다. 윈도우에서는 경로에서 디렉터리 구분자로 역 슬래시(\)를 사용합니다. 하지만 파이썬 문자열에서는 역 슬래시가 특별한 용도로 사용되기 때문에 역 슬래시 자체를 표현하려면 두 개를 사용하거나 또는 오른쪽 슬래시를 사용해야 합니다. 참고로 리눅스나 macOS는 오른쪽 슬래시를 디렉터리 구분자로 사용합니다.

표 9.1.1 절대 경로의 표현

경로 표현	결과
"c:\myfile.txt"	오류
"c:\\myfile.txt"	정상
"c:/myfile.txt"	정상

문자 인코딩

초기 컴퓨터가 개발되었을 때는 숫자, 영어 대문자와 소문자 그리고 몇 가지 기호들이 사용되었습니다. 이런 문자들이 컴퓨터에 파일로 저장될 때는 문자를 숫자로 변환 후 저장해야 하는데 이 과정을 인코딩(encoding)이라고 부릅니다. 가장 유명한 인코딩 방식은 ASCII(American Standard Code for Information Interchange)입니다. ASCII는 다음과 같은 코드표로 구성되어 있습니다.

표 9.1.2 ASCII 코드표

십진수	문자
...	...
48	0
49	1
...	...
65	A
66	B
...	...
97	a
98	b
...	...
122	z

예를 들어 알파벳 A는 숫자 65로 저장되고 소문자 a는 숫자 97로 저장됩니다. ASCII는 문자를 표현하는데 7비트를 사용하고 나머지 1비트는 통신 에러를 위한 검출 용도로 사용했습니다. 그래서 글자당 8비트 즉 1바이트를 사용했습니다.

한글 인코딩

컴퓨터가 점점 더 사용되면서 영어가 아닌 다른 문자들도 인코딩해야 했습니다. 한글의 인코딩은 크게 두 가지 방식이 사용됐습니다.

표 9.1.3 한글 인코딩 방식 비교

방식	설명
완성형	'파', '이', '썬'과 같이 한 글자에 숫자 코드를 부여하는 방식
조합형	초성, 중성, 종성에 숫자를 부여하는 방식

마이크로소프트의 한글 윈도우에서는 한글 인코딩을 위해 완성형 기반의 EUC-KR과 CP949를 사용했습니다. EUC-KR은 2,350 글자만을 지원했고 후에 윈도우 98부터는 CP949가 사용되었습니다. CP949는 EUC-KR의 확장형으로 11,172자의 한글을 표현할 수 있습니다. 지금도 마이크로소프트 한글 윈도우의 기본 한글 인코딩 방식은 CP949입니다.

유니코드와 유니코드 인코딩

한글 인코딩을 위해 CP949가 있는 것처럼 일본어와 중국어도 해당 언어를 컴퓨터에서 표현할 수 있는 각자의 인코딩 방식이 있습니다. 한 문서에서 여러 언어가 동시에 사용되는 경우 기존의 인코딩 방식으로는 제대로 표현할 수 없습니다. 이러한 문제를 해결하기 위해 전 세계에서 사용되는 모든 문자 집합을 모아서 하나의 코드표로 만든 것이 바로 '유니코드'입니다.

유니코드에서 모든 문자를 표현하는데 최대 21비트를 사용합니다. 만약 한 문자당 21비트를 그대로 사용하는 고정 길이 인코딩을 사용한다면 유니코드로 문자를 표현하는데 많은 비트가 필요하게 됩니다. 특히 영어의 경우 ASCII로는 글자당 8비트로도 표현이 가능한데 유니코드를 사용하면 21비트를 사용하게 되는 겁니다. 이러한 문제를 해결하기 위해 유니코드를 효과적으로 인코딩하는 여러 방식이 존재합니다. 그중 켄 톰슨과 롭 파이크가 만든 가변 길이 인코딩 방식인 UTF-8이 가장 널리 사용되고 있습니다.

UTF-8

UTF-8은 가변 길이 인코딩 방식입니다. UTF-8은 한 글자를 1~4바이트 중 하나로 인코딩할 수 있습니다. UTF-8은 ASCII 코드에 대해 한 바이트로 완전 동일하게 기록하기 때문에 하위 호환성이 좋습니다. 인터넷의 웹 페이지들이 UTF-8을 기본 인코딩으로 사용하고 있으며 UTF-8에서 영어는 한 바이트, 한글은 글자당 3 바이트로 표현됩니다.

인코딩 방식 지정

파이썬으로 파일을 생성할 때 인코딩 방식을 지정하는 것이 좋습니다. open 함수에서 encoding 파라미터로 인코딩을 지정할 수 있습니다. 다음은 텍스트 파일을 UTF-8로 인코딩하도록 파일을 연 것입니다. UTF-8은 유니코드를 사용하기 때문에 세계 어떤 문자를 텍스트 파일에 쓰더라도 정상적으로 표시됩니다.

```
f = open("test.txt", "wt", encoding="utf-8") # utf-8 인코딩
f.write("파이썬3")
f.close()
```

9.2 파이썬으로 파일 읽기

파이썬으로 파일 읽기

앞서 여러분은 파이썬을 사용해서 주피터 노트북의 실행 디렉터리에 myfile.txt 파일을 생성해 봤습니다. 이번에는 이처럼 이미 하드디스크에 저장된 파일로부터 데이터를 읽어와 봅시다. 파일을 쓸 때와 마찬가지로 다음과 같은 순서로 코드를 작성하면 됩니다.

[1] 파일 열기
[2] 파일 읽기
[3] 파일 닫기

```
f = open("myfile.txt")

lines = f.readlines()
print(lines[0])
print(lines[1])
print(lines[2])

f.close()
```

open 내장 함수를 통해 현재 경로에 있는 'myfile.txt' 파일을 읽기 모드로 열어줍니다. 쓰기 모드로 열 때는 'w'를 사용했지만 아무 인자 값도 전달하지 않으면 기본적으로 읽기 모드인 'r'로 인식합니다.

readlines 메서드는 텍스트 파일 전체를 읽은 후 라인별로 파이썬 리스트에 저장하는 메서드입니다. 앞서 3줄을 파일로 썼기 때문에 lines는 다음과 같은 리스트가 됩니다.

```
['python3.6\n', 'python3.7\n', 'python3.8\n']
```

lines ⟶ ["python3.6\n", "python 3.7\n", "python 3.8\n"]

그림 9.2.1 파이썬 리스트

print 함수를 사용해서 lines[0], lines[1], lines[2]을 출력하면 화면에 파일에 쓰여있던 내용이 출력됩니다.

```
python3.6

python3.7

python3.8
```

줄 바꿈

기본적으로 print 함수는 문자열을 출력한 후 줄 바꿈을 합니다. myfile.txt 파일의 각 라인 데이터에는 줄 바꿈 기호 ('\n')가 이미 포함되어 있기 때문에 한 줄 건너서 출력되었습니다. 줄 바꿈 기호를 제거한 후 출력하도록 코드를 수정해봅시다.

```
f = open("myfile.txt")

lines = f.readlines()
print(lines[0].strip())
print(lines[1].strip())
print(lines[2].strip())
```

```
f.close()
```

파일 열기와 인코딩

파이썬으로 파일을 열 때도 인코딩 방식을 지정할 수 있습니다. 이때 주의할 점은 텍스트 파일이 생성될 때 사용된 인코딩 방식을 지정해야 한다는 점입니다. 만약 파일은 CP949 인코딩 방식이 사용됐는데 다른 인코딩 방식으로 파일을 열면 디코딩 에러가 발생하게 됩니다.

먼저 CP949 방식으로 파일을 써봅시다. 주피터 노트북의 홈 디렉터리에 'encoding-test.txt' 파일이 생성됩니다.

```
f = open("encoding-test.txt", "wt", encoding="cp949")
f.write("Python3")
f.write("파이썬")
f.close()
```

이번에는 명시적으로 인코딩을 지정하지 않고 파일을 열어봅시다.

```
f = open("encoding-test.txt", "rt")
lines = f.readlines()
f.close()
```

다음과 같이 디코딩 에러가 발생합니다. open 함수로 파일을 열 때 인코딩을 명시적으로 지정하지 않으면 UTF-8을 사용합니다. 그런데 해당 파일은 CP949 인코딩 방식을 사용했기 때문에 정상적으로 글자를 표현할 수 없어 에러가 발생한 겁니다.

```
UnicodeDecodeError: 'utf-8' codec can't decode byte 0xc6 in position 7: invalid
continuation byte
```

다음과 같이 인코딩 방식을 잘 지정하면 정상적으로 파일을 읽을 수 있습니다.

```
f = open("encoding-test.txt", "rt", encoding="cp949")
lines = f.readlines()
f.close()
```

9.3 pickle 모듈로 데이터 저장

피클 모듈

피클은 음식을 소금, 식초, 설탕 등에 절인 식품을 말합니다. 일상생활에서는 피자를 시키면 오이피클을 쉽게 볼 수 있습니다. 이번 절에 배울 파이썬의 피클 모듈을 사용하면 파이썬의 데이터 타입을 쉽게 파일로 저장할 수 있고 원본 데이터 타입을 그대로 유지하여 다시 불러올 수도 있습니다. 간단한 예제를 통해서 피클 모듈을 공부해봅시다.

다음과 같은 파이썬 리스트가 존재합니다. 이 리스트를 파일로 저장한 후 다시 불러오고 싶다면 앞서 배운 파일 쓰기와 읽기를 사용하면 됩니다.

```
todo = [
    "책 읽기",
    "프로그래밍",
    "재활용하기"
]
```

먼저 텍스트 파일을 열고 리스트에 있는 문자열 값을 파일로 적고 파일을 닫아주면 됩니다. 각 문자열을 구분하기 위하여 줄 바꿈 기호를 붙여서 파일로 적어주었습니다.

```
f = open("todo.txt", "w")
```

```
f.write(todo[0]+'\n')
f.write(todo[1]+'\n')
f.write(todo[2]+'\n')
f.close()
```

이번에는 파일로부터 데이터를 읽어서 다시 리스트로 구성해보겠습니다. 먼저 todo2 라는 비어있는 리스트를 만든 후 파일로부터 모든 라인을 읽습니다. 각 라인에 대해서 줄 바꿈 기호를 제거한 후 todo2 리스트에 다시 문자열을 추가해주면 됩니다.

```
todo2 = []
f = open('todo.txt', 'r')
lines = f.readlines()
for line in lines:
    line = line.strip()
    todo2.append(line)
f.close()
todo2
```

이렇게 파일 쓰기와 읽기 기능을 사용하여 데이터를 파일로 저장하고 불러올 수 있습니다. 하지만 이 방식은 기존 데이터의 원본 데이터 타입인 리스트가 유지되지는 않았습니다. 그래서 여러분들이 직접 리스트로 다시 데이터를 저장했습니다.

파이썬의 피클 모듈을 사용하면 더 쉽게 파이썬 리스트를 파일로 저장하고 원본 데이터 그대로 다시 불러올 수 있습니다. 먼저 피클 모듈을 임포트하고 데이터를 저장할 파일을 열어줍니다. 이때 텍스트 파일이 아니라 바이너리 파일이기 때문에 wb 옵션으로 파일을 열어야 합니다. 파일이 열렸다면 피클 모듈의 dump 함수로 데이터를 파일로 덤프합니다.

```
import pickle

f = open("todo.dat", "wb")     # wb 옵션
pickle.dump(todo, f)
```

```
f.close()
```

여러분들의 하드디스크에 todo.dat 파일이 생성됩니다. 바이너리 파일이기 때문에 메모장과 같은 텍스트 편집기로 열어보면 이상한 값으로 보이게 됩니다. 마치 피클처럼 원본 리스트가 잘 절여서 저장된 상태라고 보시면 됩니다.

이번에는 데이터를 로드해보겠습니다. 파일을 rb 모드로 열고 pickle 모듈의 load 함수를 사용하면 됩니다. 앞서 텍스트 파일을 사용하는 경우보다 훨씬 편리한 것을 알 수 있습니다.

```
f = open("todo.dat", "rb")
todo2 = pickle.load(f)
f.close()
todo2
```

피클 모듈을 사용하면 리스트뿐만 아니라 복잡한 형태의 딕셔너리도 쉽게 그 형태를 유지하여 파일로 저장할 수 있기 때문에 데이터베이스를 사용하지 않고 간단히 데이터를 백업하고자 할 때 유용하게 사용할 수 있습니다.

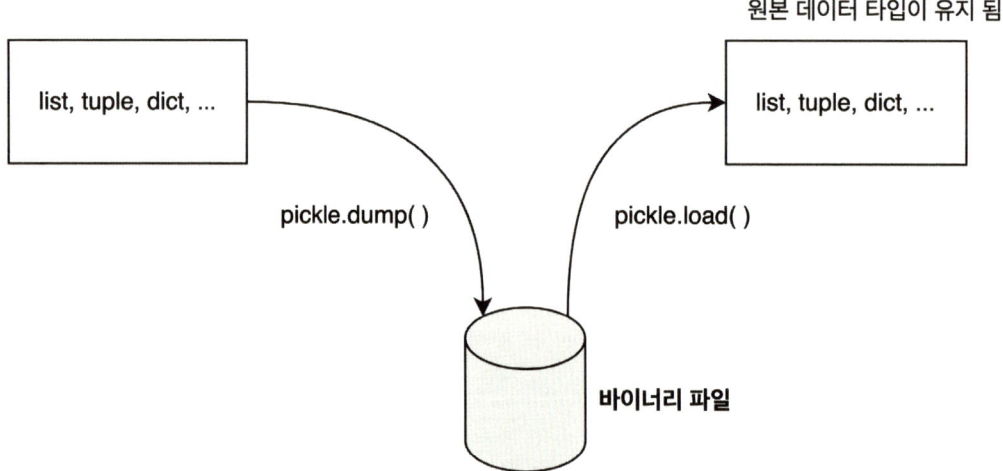

그림 9.3.1 파이썬 피클 모듈을 이용한 데이터 저장과 로드

10

예외 처리

소스 코드가 문법적으로 문제가 없더라도 실행 중에 에러가 발생할 수 있습니다. 이처럼 실행 중에 발생하는 에러들을 예외라고 부릅니다. 이번 장에서는 이러한 예외들을 처리하는 방법에 관해 공부합니다.

10.1 파이썬 예외처리

10.1 파이썬 예외처리

문법 에러와 예외

파이썬으로 프로그램을 개발하고 실행할 때 다음과 같은 문법 에러를 종종 보게 됩니다. 문법 에러는 파싱 에러라고도 부르는데 파이썬 인터프리터가 문장이나 표현식을 파싱할 때 해당 문장이나 표현식에 문법 에러가 있을 때 발생합니다. 이러한 문법 에러는 문법에 맞춰 수정해야 프로그램이 정상적으로 실행됩니다.

```
SyntaxError: invalid syntax
```

파이썬 소스코드에서 문장이나 표현식이 문법적으로는 문제가 없더라도 프로그램 실행 시 에러가 발생하는 경우가 있습니다. 이처럼 프로그램 실행 중에 감지되는 에러들을 예외라고 부릅니다. 여러분들이 파이썬을 이용하여 실제로 의미 있는 프로그램을 개발하고 이를 실행하려면 예외를 잘 처리해야 합니다.

주피터 노트북에서 다음과 같이 코딩한 후 해당 셀을 실행해봅시다. 문자열의 표현이 잘못되었습니다. 실행하면 문법 에러가 발생합니다. 이러한 문법 에러는 문법에 오류가 있는 상태이기 때문에 가장 먼저 수정해야 합니다.

```
print("hello')    # 시작은 큰따옴표 끝은 작은따옴표
```

지금부터는 자주 발생하는 예외에 대해 알아봅시다. 리스트나 튜플과 같이 순서가 있는 자료구조는 인덱싱할 수 있었습니다. 이때 데이터가 존재하지 않는 곳을 인덱싱하면 예외가 발생합니다.

```
data = ['a', 'b', 'c']
data[3]
```

결과를 살펴보면 다음과 같이 IndexError가 발생합니다. 0 ~ 2번까지 인덱싱할 수 있는데 그 범위를 넘어서 인덱싱을 했기 때문에 예외가 발생한 겁니다. 위 코드에는 문법 에러는 없는 상태이기 때문에 실행 중에 에러가 발생한 겁니다.

```
IndexError: list index out of range
```

타입을 변경하는 경우에도 에러가 종종 발생합니다. 문자열 30은 정수형으로 잘 변환되지만, 다음 코드는 정상적으로 실행되지 않고 ValueError가 발생합니다.

```
int("30+")
```

```
ValueError: invalid literal for int() with base 10: '30+'
```

산수에서 어떤 수도 0을 나눌 수 없습니다. 만약 파이썬 코드에서 이를 시도한다면 당연히 에러가 발생합니다.

```
val = 10
val / 0
```

어떤 값도 0으로 나눌 수 없는데 이를 실행하면 ZeroDivisionError가 발생합니다.

```
ZeroDivisionError: division by zero
```

딕셔너리를 사용하는 경우에 자주 볼 수 있는 에러는 딕셔너리에 존재하지 않은 key 값에 접근할 때 발생합니다.

```
snack = {'새우깡': 1000, '치토스': 1500}
```

```
snack['포카칩']
```

다음과 같이 KeyError가 발생합니다.

```
KeyError: '포카칩'
```

예외를 처리하는 방법

여러분이 24시간 동안 계속해서 동작하는 프로그램을 개발했다고 생각해봅시다. 그런데 코드 중간에 딕셔너리에 접근할 때 딕셔너리에는 없는 key 값에 접근하는 코드가 있다면 파이썬 인터프리터는 해당 위치에서 KeyError를 출력하고 종료하게 됩니다. 예외가 발생하더라도 프로그램이 종료되지 않고 정해진 동작을 수행하게 하려면 예외를 처리해주면 됩니다. 이번 절에서는 파이썬의 기본적인 예외 처리 방법을 공부합니다.

파이썬에서 기본적인 예외 처리는 다음과 같이 try ~ except 구문을 사용합니다.

```
try:
    코드 실행
except:
    예외 발생 시 수행할 코드
```

간단한 예제를 통해서 예외 처리를 배워봅시다. 앞서 딕셔너리에서 KeyError가 발생했습니다. 에러가 발생하는 부분의 코드를 try로 들여쓰기로 처리합니다. 파이썬 인터프리터는 try에서 들여쓰기 된 코드를 실행하고 에러가 발생 시 except에서 들여쓰기 된 코드를 실행하게 됩니다.

기본적인 예외 처리는 다음과 같습니다. 딕셔너리에 접근하는 코드에서 에러가 발생할 수 있으니 이 코드를 try 내에서 들여쓰기로 처리합니다. 그리고 실제로 에러가 발생했을 때 수행할 코드를 except 내에서 들여쓰기로 적어주면 됩니다.

```python
snack = {'새우깡': 1000, '치토스': 1500}
try:
    snack['포카칩']
except:
    print("없는 키 접근 에러")
print("종료")
```

위 코드를 실행하면 예외는 발생했지만, 앞의 코드와 달리 파이썬 인터프리터는 죽지 않고 대신 except 부분의 들여쓰기 된 코드가 실행된 것을 확인할 수 있습니다.

```
없는 키 접근 에러
종료
```

try ~ except는 if ~ else와 유사하게 동작합니다. 먼저 인터프리터는 try를 만나면 try에서 들여쓰기 된 코드 블록(코드-1, 코드-2)를 순차적으로 실행합니다. 코드를 실행할 때 예외가 발생하지 않으면 except에서 들여쓰기 된 코드 블록(코드-3, 코드-4)는 실행하지 않고 try ~ except가 끝나는 위치의 코드 블록(코드-5, 코드-6)을 이어서 실행합니다.

이번에는 try에서 들여쓰기 된 코드를 실행할 때 예외가 발생한 경우를 살펴봅시다. 인터프리터는 예외가 발생하면 그 즉시 except에서 들여쓰기 된 코드 블록으로 실행을 옮깁니다. 그리고 해당 코드 블록을 다 실행했다면 try ~ except가 끝나는 위치의 코드 블록을 이어서 실행합니다.

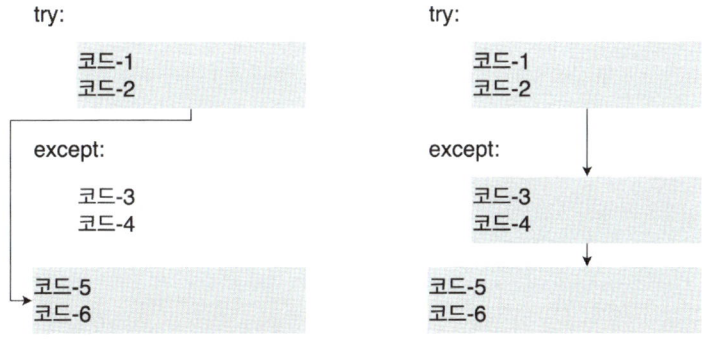

(a) try.블록에서 예외가 발생하지 않은 경우   (b) try.블록에서 예외가 발생한 경우

그림 10.1.1 try ~ except 실행 예시

기본적인 예외 처리

초보자분들은 어떻게 예외를 처리하는 게 좋은지 종종 묻습니다. 예외 처리에는 딱히 정해진 정답은 없습니다. 만약 여러분이 인터넷에서 1초에 한 번 데이터를 스크래핑한 후 이를 처리해서 결과를 출력하는 프로그램을 개발한다고 가정해봅시다. 이 경우에 원래는 스크래핑했을 때 정상적으로 데이터를 얻을 수 있고 이를 바탕으로 데이터를 처리하여 결과를 산출합니다.

하지만 서버의 이상이나 인터넷 연결 상태 이상으로 정상적으로 데이터를 얻을 수 없다면 데이터를 처리하는 코드에서 예외가 발생할 겁니다. 이 경우 어떻게 예외를 처리해야 할까요? 당연히 해당 시간에는 어떤 수를 쓰더라도 데이터를 얻을 수 없기 때문에 그냥 넘어가는 것이 아마 최선의 방안일 겁니다. 이 경우에는 데이터를 출력하지 않고 간단히 화면에 메시지만 출력하고 넘어가면 됩니다.

위의 예처럼 기본적으로 예외 처리는 프로그래머에게 어떤 예외가 발생했는지 그 종류를 출력하고 예외가 발생했음을 알려주는 식으로 처리를 많이 합니다. 다음 코드는 IndexError가 발생했을 때 파이썬의 에러 메시지를 출력하고 그다음 사용자가 추가한 메시지가 화면에 출력되게 됩니다.

```
data = ['a', 'b', 'c']
try:
    data[3]
except IndexError as e:
    print(e, "리스트 인덱싱 에러 발생")
```

화면에 예외 상황을 출력하고 싶지 않고 어떤 처리도 할 필요가 없는 경우에는 다음과 같이 pass를 사용합니다.

```
data = ['a', 'b', 'c']
try:
    data[3]
except IndexError as e:
    pass
```

except 다음에 예외의 타입(예: IndexError)을 명시적으로 기술한 경우 해당 예외만 처리됩니다. 만약 어떤 예외가 발생할지 모르고 모든 예외에 대해서 처리하고 싶다면 다음과 같이 코딩하면 됩니다. 다음 코드를 보면 except 다음에 예외를 특정하지 않았습니다. 이 경우 try 블록 실행 시 어떤 예외가 발생하더라도 모두 except에서 들여쓰기 된 코드로 이동하게 됩니다. pass라고만 되어 있으므로 except에서도 어떤 일도 수행하지 않고 try ~ except 끝으로 인터프리터가 이동하게 됩니다.

```
try:
    코드
except:
    pass
```

만약 모든 예외를 처리하고 싶은데 예외의 종류를 화면에 출력하고 싶다면 다음과 같이 코드를 작성합니다.

```
try:
    5/0
except Exception as e:
    print(e)
```

11

파이썬 프로젝트

이번 장에서는 지금까지 배운 기초 문법을 사용하여 콘솔 기반으로 몇 개의 프로그램을 작성해봅니다. 그리고 Visual Studio Code라는 에디터와 이를 사용한 소스 코드 디버깅을 공부합니다.

11.1 Visual Studio Code

11.2 To Do 프로그램

11.3 감사 일기장

11.4 도서 관리 프로그램

11.5 디버깅

11.1 Visual Studio Code

Visual Studio Code 설치

Visual Studio Code는 마이크로소프트에서 개발한 프로그램으로 C, C++, Java, JavaScript, Python 과 같은 다양한 프로그래밍 언어를 위한 개발 툴로 사용되고 있습니다. 파이썬 전용 개발 프로그램 인 PyCharm과 비교하면 메모리 사용량이 적기 때문에 성능이 좋지 못한 컴퓨터에서는 Visual Studio Code를 사용하는 것이 좋습니다.

다음 링크로 이동한 후 여러분의 운영체제 환경에 맞춰 설치 파일을 다운로드합니다.

https://code.visualstudio.com/

그림 11.1.1 Visual Studio Code 다운로드 링크

다운로드받은 파일을 실행하여 설치를 시작합니다. 사용권 계약 화면에서 '계약에 동의함'에 체크한 후 다음 버튼을 클릭합니다.

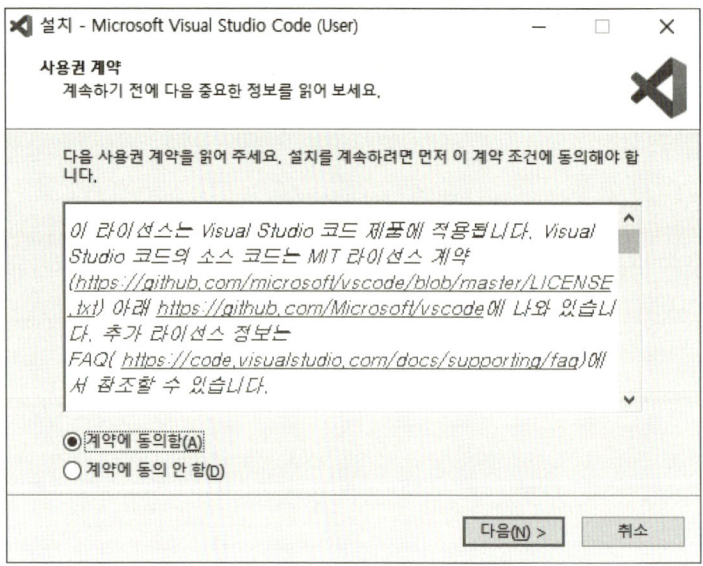

그림 11.1.2 Visual Studio Code 설치 - 사용권 계약

대상 위치 선택 화면에서 다음을 클릭합니다. 기본 설치 경로는 다음과 같습니다.

```
C:\Users\UserID\AppData\Local\Programs\Microsoft VS Code
```

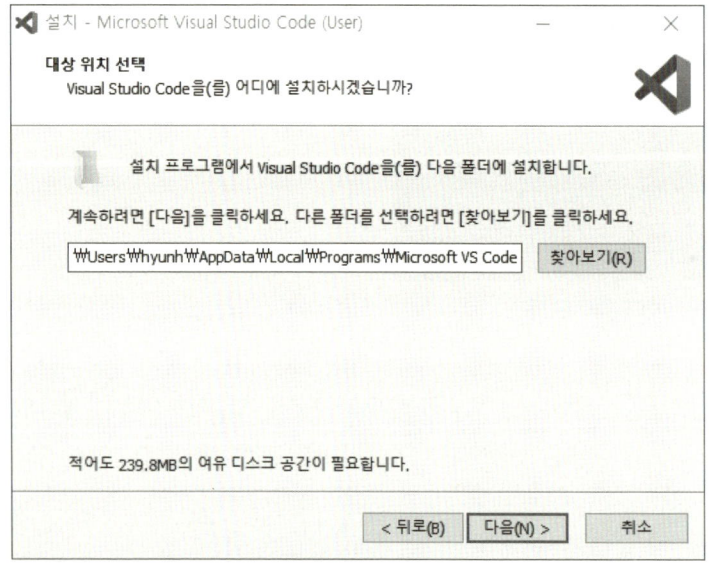

그림 11.1.3 Visual Studio Code 설치 - 대상 위치 선택

추가 작업 선택 화면에서 다음을 클릭합니다.

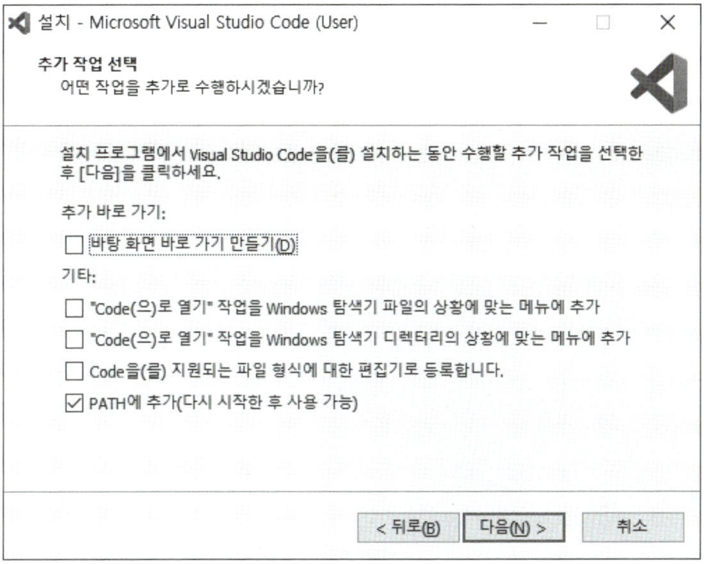

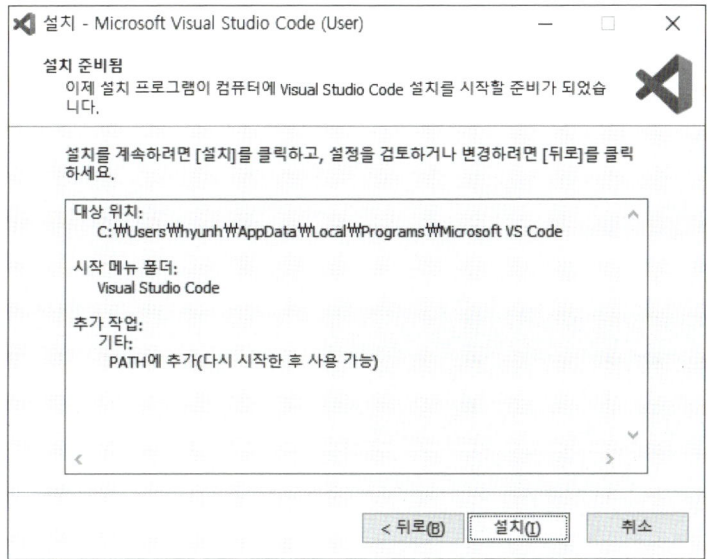

그림 11.1.4 Visual Studio Code 설치 - 추가 작업 선택

그림 11.1.5 Visual Studio Code 설치 - 설치 준비됨

Visual Studio Code 사용하기

Visual Studio Code는 폴더(디렉터리)를 기반으로 동작합니다. 따라서 먼저 작업을 진행할 폴더를 먼저 만들어야 합니다. 윈도우 바탕화면에 study라는 이름으로 폴더를 생성합니다.

Visual Studio Code에서 `Open folder...`를 클릭하거나 또는 File 메뉴에서 Open Folder 메뉴를 클릭하여 생성한 study 폴더를 열어줍니다.

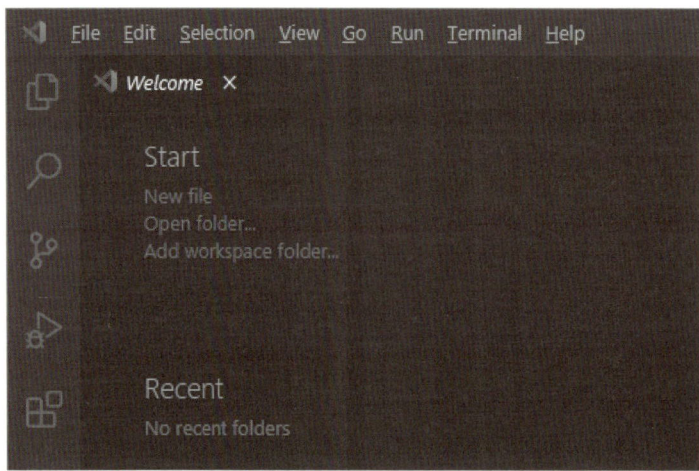

그림 11.1.6 Visual Studio Code Open folder

`New File` 메뉴를 선택하여 폴더에 run.py라는 이름으로 파일을 추가합니다.

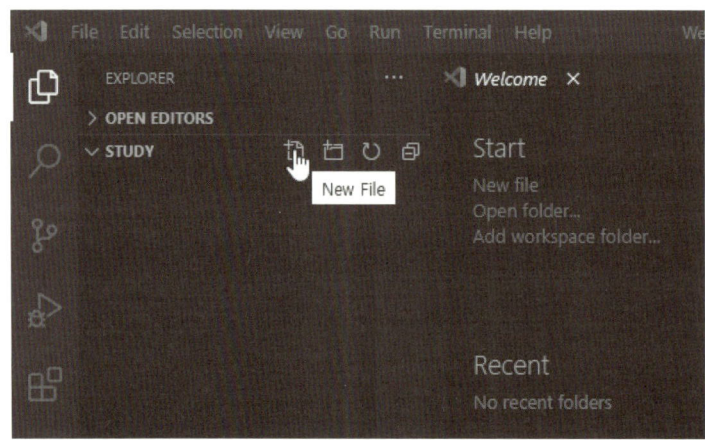

그림 11.1.7 새 파일 추가

확장자가 *.py 인 파이썬 파일이 폴더에 추가되면 Visual Studio Code가 오른쪽 아래에 python 확장 프로그램 설치를 안내해줍니다. 'Install'을 클릭하여 설치합니다.

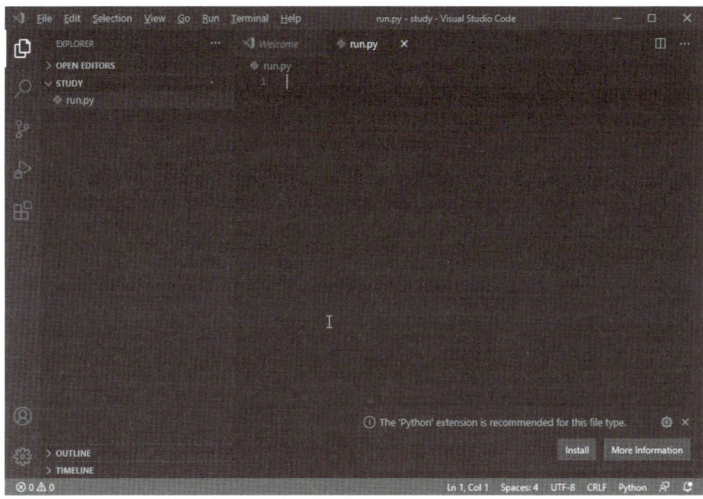

그림 11.1.8 확장 프로그램 설치

다음과 같이 Microsoft가 만든 Python이라는 확장 프로그램이 자동으로 설치됩니다. 여기서 확장 프로그램이란 Visual Studio Code에 설치되는 프로그램으로서 더 편리하게 개발할 수 있도록 도움을 주는 역할을 합니다.

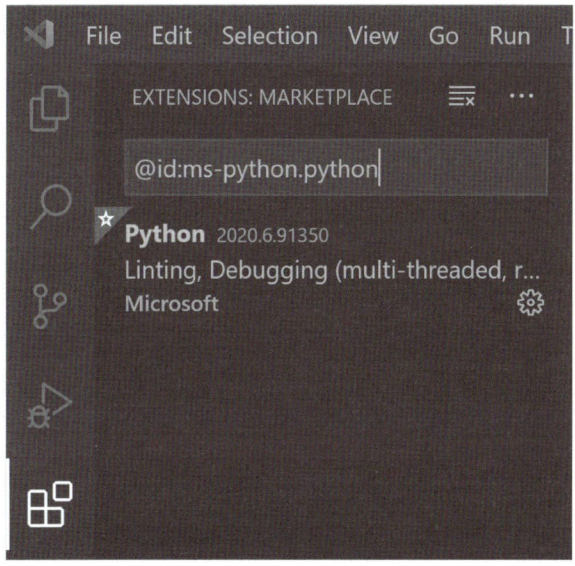

그림 11.1.9 파이썬 확장 프로그램

run.py 파일에 다음과 같이 코드를 입력합니다.

```python
print("Hello VSC")
```

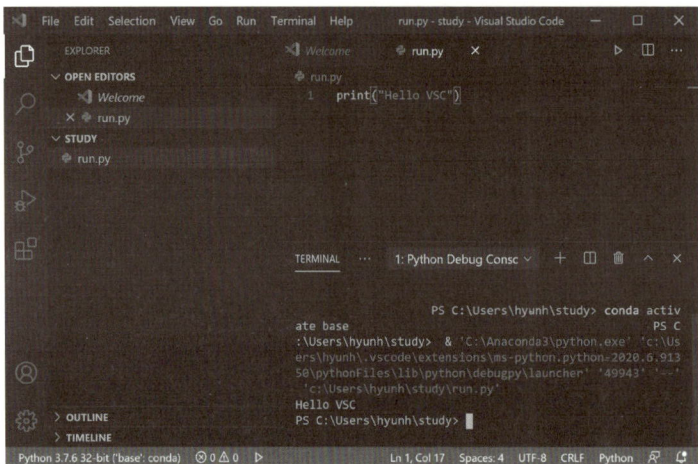

그림 11.1.10 파이썬 코드 실행

Visual Studio Code의 아래쪽의 터미널(Terminal)에 'Hello VSC'가 출력된 것을 확인할 수 있습니다.

파이썬 인터프리터 설정

Visual Studio Code에 Python이라는 확장 프로그램을 설치하면 자동으로 파이썬 인터프리터 경로를 찾고 설정해줍니다. 만약 시스템에 여러 버전의 파이썬을 사용하는 경우 VSC의 오른쪽 또는 왼쪽 하단 부분에서 파이썬 버전이 표시된 부분을 클릭하면 파이썬 인터프리터의 경로를 새로 설정할 수 있습니다.

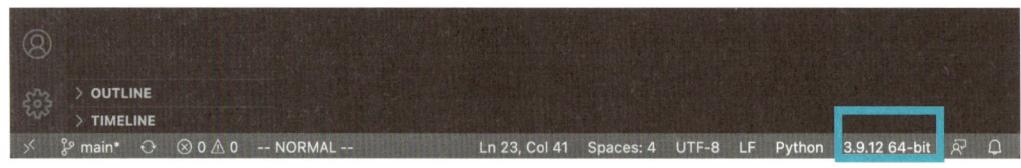

그림 11.1.11 파이썬 인터프리터 설정-1

필자는 애플의 맥북에어 노트북을 사용 중인데 macOS에는 다음과 같이 여러 파이썬 인터프리터가 설치되어 있습니다. 따라서 개발 시 본인이 어떤 파이썬 인터프리터를 사용하고 있는지 정확히 아는 것이 중요합니다. 목록에 표시된 인터프리터 중 하나를 선택하면 현재 프로젝트에 대해서 해당 파이썬 인터프리터가 사용됩니다.

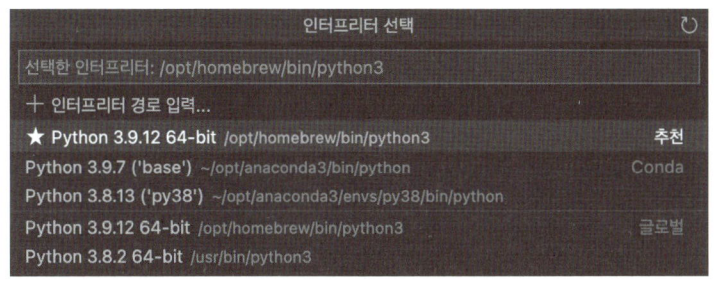

그림 11.1.12 파이썬 인터프리터 설정-2

11.2 To Do 프로그램

To Do 프로그램

To Do 프로그램은 할 일 모음 관리 프로그램으로 해야 할 일을 등록해두고 일이 완료되면 삭제하는 프로그램입니다. 이번 절에서는 Visual Studio Code를 사용하여 콘솔 환경에서 동작하는 To Do 프로그램을 개발해보겠습니다.

다음은 웹 브라우저에서 동작하는 마이크로소프트의 To Do 프로그램입니다.

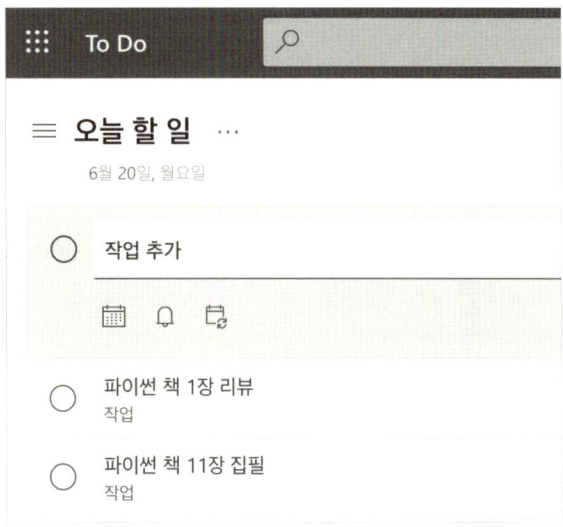

그림 11.2.1 마이크로소프트의 To Do 프로그램

여러분들은 파이썬 기초 문법만 배운 상태이기 때문에 콘솔 환경에서 동작하는 To Do 프로그램을 만들 것입니다. Visual Studio Code에서 main.py라는 파일을 추가합니다. To Do 프로그램은 사용자에게 메뉴를 보여주고 사용자의 입력에 따라 To Do 추가, 삭제 또는 프로그램을 종료할 수 있습니다.

먼저 메뉴를 보여주는 기능을 함수로 작성합니다.

```python
def show_menu():
    print("1. Add To Do")
    print("2. Delete To Do")
    print("3. Quit")
```

전체 프로그램은 main이라는 이름의 함수에서 구현할 것입니다. 무한 루프 내에서 show_menu 함수를 호출하여 메뉴를 출력하고 사용자가 3을 입력하면 종료되도록 코딩해봅시다.

```python
def show_menu():
    print("1. Add To Do")
    print("2. Delete To Do")
    print("3. Quit")
```

```
def main():
    while True:
        show_menu()
        user_input = input(">> ")

        if user_input == '3':
            break

main()
```

지금까지 개발한 프로그램을 실행시켜봅시다. Ctrl+F5를 누르면 Visual Studio Code의 터미널에 메뉴가 출력됩니다. 3을 누르면 종료되게 됩니다.

```
1. Add To Do
2. Delete To Do
3. Quit
>> 3
(base) → book-python-grammar git:(main) ✗
```

그림 11.2.2 To Do 프로그램 종료

To Do 추가하기

이번에 구현할 기능은 To Do를 추가하는 기능입니다. 사용자가 메뉴 중 1번을 선택하면 To Do를 추가할 수 있습니다. To Do는 추가와 삭제될 수 있으므로 파이썬 리스트로 관리하겠습니다. To Do를 사용자로부터 입력받고 이를 파이썬 리스트에 추가하는 코드를 구현해봅시다. To Do가 추가되면 To Do 목록을 화면에 다시 출력해주면 됩니다.

```
def show_menu():
    print("1. Add To Do")
    print("2. Delete To Do")
    print("3. Quit")
```

```python
def add_todo(todo_list):
    user_input = input("To Do: ")
    todo_list.append(user_input)

def show_todo(todo_list):
    print("-" * 20)
    for i, todo in enumerate(todo_list):
        print(i+1, todo)
    print("-" * 20)

def main():
    todo_list = []

    while True:
        show_menu()
        user_input = input(">> ")

        if user_input == '1':
            add_todo(todo_list)
            show_todo(todo_list)
        elif user_input == '3':
            break

main()
```

To Do 삭제하기

To Do 리스트에서 To Do를 삭제하는 기능을 추가해봅시다. 콘솔 환경에서는 클릭 이벤트를 처리하기 어렵기 때문에 사용자로부터 삭제할 To Do의 인덱스를 입력 받은 후 파이썬 리스트에서 삭제하도록 구현하겠습니다. 이때 사용자에게 보여주는 To Do 리스트는 인덱스가 1부터 시작하지만 파이썬 리스트는 0부터 시작함에 유의해야합니다. To Do가 삭제되면 갱신된 To Do 목록을 다시 출력해줍니다.

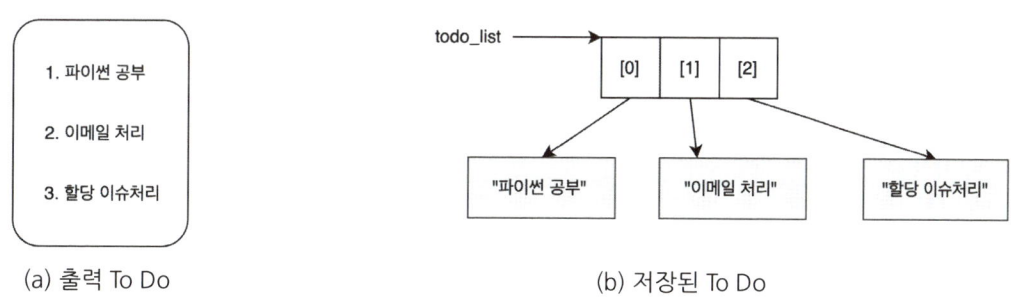

(a) 출력 To Do　　　　　　　　　(b) 저장된 To Do

그림 11.2.3 출력된 To Do와 저장된 To Do

```
def show_menu():
    print("1. Add To Do")
    print("2. Delete To Do")
    print("3. Quit")

def add_todo(todo_list):
    user_input = input("To Do: ")
    todo_list.append(user_input)

def show_todo(todo_list):
    print("-" * 20)
    for i, todo in enumerate(todo_list):
        print(i+1, todo)
    print("-" * 20)

def delete_todo(todo_list):
    user_input = input("Index: ")
    index = int(user_input)-1
    del todo_list[index]

def main():
    todo_list = []

    while True:
        show_menu()
```

```
        user_input = input(">> ")

        if user_input == '1':
            add_todo(todo_list)
            show_todo(todo_list)
        elif user_input == '2':
            delete_todo(todo_list)
            show_todo(todo_list)
        elif user_input == '3':
            break

main()
```

프로그램을 실행한 후 To Do를 추가하고 삭제해 봅시다.

11.3 감사 일기장

감사 일기장

이번에는 매일 간단한 감사 일기를 기록할 수 있는 감사 일기장 프로그램을 개발해보겠습니다. 감사 일기장은 파일 기반으로 동작합니다. 프로그램을 실행하면 기존에 저장된 일기를 불러옵니다. 사용자가 추가한 일기는 날짜와 일기 내용을 기록합니다. 프로그램이 종료되면 감사일기는 자동으로 저장되어야 합니다.

메인 메뉴 만들기

먼저 사용자에게 보여줄 메인 메뉴를 구성해봅시다. 반복문 내에서 메뉴를 출력한 후 사용자가 3번을 입력하면 프로그램이 종료되도록 구현합니다.

```
******************************
```

```
  1. 일기 쓰기
  2. 일기 조회
  3. 종료
****************************************
메뉴선택: 3
감사 일기를 종료합니다.
```

```python
def show_main_menu():
    print("*" * 40)
    print(" 1. 일기 쓰기")
    print(" 2. 일기 조회")
    print(" 3. 종료")
    print("*" * 40)
    main_menu = input("메뉴선택: ")
    return main_menu


def main():
    while True:
        main_menu = show_main_menu()

        if main_menu == '3':
            print("감사 일기를 종료합니다.")
            break

main()
```

일기 쓰기 기능

이번에는 일기 쓰기 기능을 추가해봅시다. 사용자가 메인 메뉴에서 일기 쓰기를 선택하면 사용자는 날짜와 감사 일기를 입력합니다. 사용자가 입력한 날짜와 감사 일기는 파이썬 딕셔너리로 저장합니다.

```
****************************************
 1. 일기 쓰기
 2. 일기 조회
 3. 종료
****************************************
메뉴선택: 1
날짜입력 (예: 2022-09-10): 2022-06-27
내용: 오늘은 와이프가 맛있는 저녁을 준비해줬다. 감사하다.
```

그림 11.3.1 일기 쓰기 기능

```python
def show_main_menu():
    print("*" * 40)
    print(" 1. 일기 쓰기")
    print(" 2. 일기 조회")
    print(" 3. 종료")
    print("*" * 40)
    main_menu = input("메뉴선택: ")
    return main_menu


def write_diary(diary):
    date = input("날짜입력 (예: 2020-09-10): ")
    content = input("내용: ")
    diary[date] = content


def main():
    diary = {}

    while True:
        main_menu = show_main_menu()

        if main_menu == '1':
            write_diary(diary)
        elif main_menu == '3':
            print("감사 일기를 종료합니다.")
            break
```

```
        print(diary)

main()
```

감사 일기 저장 기능

프로그램을 종료하면 딕셔너리에 저장된 내용을 파일로 저장해야 합니다. 파이썬의 pickle 모듈을 사용하면 파이썬 자료구조를 그대로 파일로 저장할 수 있고 파일이 저장된 내용을 그대로 원본 데이터 타입으로 다시 복원할 수 있습니다.

```python
# pickle 모듈로 저장하는 기능 추가하기
import pickle

def show_main_menu():
    print("*" * 40)
    print(" 1. 일기 쓰기")
    print(" 2. 일기 조회")
    print(" 3. 종료")
    print("*" * 40)
    main_menu = input("메뉴선택: ")
    return main_menu


def write_diary(diary):
    date = input("날짜입력 (예: 2020-09-10): ")
    content = input("내용: ")
    diary[date] = content


def dump_diary(diary):
    with open("diary.db", "wb") as f:
        pickle.dump(diary, f)
```

```python
def main():
    diary = {}

    while True:
        main_menu = show_main_menu()

        if main_menu == '1':
            write_diary(diary)
        elif main_menu == '3':
            dump_diary(diary)
            print("감사 일기를 종료합니다.")
            break

main()
```

감사 일기 불러오기

프로그램을 실행하면 현재 디렉터리에 저장된 diary.db 파일에서 pickle 모듈을 사용해서 데이터를 딕셔너리 타입으로 다시 불러옵니다. 불러오기 역시 기능을 함수로 구현한 후 이를 프로그램이 시작될 때 한 번 호출합니다. 만약 diary.db 파일이 없는 경우에는 예외 처리로 비어있는 딕셔너리를 리턴하도록 코딩합니다.

```python
import pickle

def show_main_menu():
    print("*" * 40)
    print(" 1. 일기 쓰기")
    print(" 2. 일기 조회")
    print(" 3. 종료")
    print("*" * 40)
    main_menu = input("메뉴선택: ")
```

```python
    return main_menu


def write_diary(diary):
    date = input("날짜입력 (예: 2020-09-10): ")
    content = input("내용: ")
    diary[date] = content


def dump_diary(diary):
    with open("diary.db", "wb") as f:
        pickle.dump(diary, f)


def load_diary():
    try:
        with open("diary.db", "rb") as f:
            diary = pickle.load(f)
            return diary
    except FileNotFoundError:
        return {}


def main():
    diary = load_diary()
    #print(diary)

    while True:
        main_menu = show_main_menu()

        if main_menu == '1':
            write_diary(diary)
        elif main_menu == '3':
            dump_diary(diary)
            print("감사 일기를 종료합니다.")
            break
```

```
    main()
```

일기 조회 기능 추가하기

이번에는 저장된 일기를 출력하는 기능을 추가해봅시다. 날짜별 일기 데이터는 날짜와 내용이 key와 value로 딕셔너리에 저장되어 있습니다. 딕셔너리는 순서가 없는 자료구조이기 때문에 일기 입력 순서나 날짜와 상관없이 출력됩니다.

```python
import pickle

def show_main_menu():
    print("*" * 40)
    print(" 1. 일기 쓰기")
    print(" 2. 일기 조회")
    print(" 3. 종료")
    print("*" * 40)
    main_menu = input("메뉴선택: ")
    return main_menu


def write_diary(diary):
    date = input("날짜입력 (예: 2020-09-10): ")
    content = input("내용: ")
    diary[date] = content


def dump_diary(diary):
    with open("diary.db", "wb") as f:
        pickle.dump(diary, f)


def load_diary():
```

```python
    try:
        with open("diary.db", "rb") as f:
            diary = pickle.load(f)
            return diary
    except FileNotFoundError:
        return {}


def show_diary(diary):
    for date, content in diary.items():
        print("-" * 40)
        print(date, content)


def main():
    diary = load_diary()
    #print(diary)

    while True:
        main_menu = show_main_menu()

        if main_menu == '1':
            write_diary(diary)
        elif main_menu == '2':
            show_diary(diary)
        elif main_menu == '3':
            dump_diary(diary)
            print("감사 일기를 종료합니다.")
            break

main()
```

11.4 도서 관리 프로그램

도서 관리 프로그램

이번에는 학교 도서관에서 도서 정보를 관리하는 프로그램을 개발해보겠습니다. 도서 정보에는 제목, 가격, 저자, ISBN10 등이 저장됩니다. 이를 위해 Book이라는 이름으로 클래스를 정의합니다. Book 클래스의 생성자를 통해 필요한 정보를 입력 받습니다. print_info라는 메서드는 현재 객체에 저장된 도서 정보를 화면 출력합니다.

```python
class Book:
    def __init__(self, title, price, author, isbn10):
        self.title = title
        self.price = price
        self.author = author
        self.isbn10 = isbn10

    def print_info(self):
        print("Title :", self.title)
        print("Price :", self.price)
        print("Author:", self.author)
        print("ISBN10:", self.isbn10)
```

이처럼 클래스를 사용하여 타입을 정의해두면 책에 대한 정보를 표현할 때 Book 클래스의 객체를 생성하기만 하면 됩니다.

기본 메뉴 구성

도서 관리 프로그램은 도서 추가, 삭제, 도서 목록 출력 기능이 있습니다. 다음과 같이 무한 루프에서 메뉴를 보여주고 종료 메뉴를 선택하면 프로그램이 종료되도록 코드를 작성합니다.

```python
class Book:
```

```python
    def __init__(self, title, price, author, isbn10):
        self.title = title
        self.price = price
        self.author = author
        self.isbn10 = isbn10

    def print_info(self):
        print("Title :", self.title)
        print("Price :", self.price)
        print("Author:", self.author)
        print("ISBN10:", self.isbn10)

def print_menu():
    print("1) 도서 추가")
    print("2) 도서 삭제")
    print("3) 도서 목록 출력")
    print("4) 종료")
    user_input = input("Menu: ")
    return int(user_input)

def main():
    while True:
        menu = print_menu()
        if menu == 1:
            pass
        elif menu == 2:
            pass
        elif menu == 3:
            pass
        else:
            break

main()
```

지금까지 작성한 코드를 Ctrl+F5 키를 눌러 실행합니다. 4를 입력하면 프로그램이 정상적으로 종료

됩니다.

```
1) 도서 추가
2) 도서 삭제
3) 도서 목록 출력
4) 종료
Menu: 4
(base) → 04 git:(main) ✗
```

그림 11.4.1 프로그램 종료 테스트

도서 추가

도서 추가를 위한 기능은 add_book 함수에서 처리합니다. 도서 정보를 입력 받은 후 이를 사용하여 Book 클래스의 객체를 생성합니다. 생성한 객체는 도서 정보를 저장하는 리스트에 추가합니다.

```python
class Book:
    def __init__(self, title, price, author, isbn10):
        self.title = title
        self.price = price
        self.author = author
        self.isbn10 = isbn10

    def print_info(self):
        print("Title :", self.title)
        print("Price :", self.price)
        print("Author:", self.author)
        print("ISBN10:", self.isbn10)

def print_menu():
    print("1) 도서 추가")
    print("2) 도서 삭제")
    print("3) 도서 목록 출력")
    print("4) 종료")
    user_input = input("Menu: ")
    return int(user_input)
```

```
def add_book(book_list):
    title = input("Title :")
    price = input("Price :")
    author = input("Author:")
    isbn10 = input("ISBN10:")
    book = Book(title, int(price), author, isbn10)
    book_list.append(book)

def main():
    book_list = []
    while True:
        menu = print_menu()
        if menu == 1:
            add_book(book_list)
        elif menu == 2:
            pass
        elif menu == 3:
            pass
        else:
            break

main()
```

도서 목록 출력

Book 클래스는 정보를 출력하는 print_info 메서드가 있습니다. 기본적으로 도서 목록의 출력은 리스트에 저장된 Book 클래스의 객체에서 print_info 메서드를 호출하면 됩니다.

```
# 도서 관리 프로그램
class Book:
    def __init__(self, title, price, author, isbn10):
        self.title = title
```

```python
        self.price = price
        self.author = author
        self.isbn10 = isbn10

    def print_info(self):
        print("Title :", self.title)
        print("Price :", self.price)
        print("Author:", self.author)
        print("ISBN10:", self.isbn10)

def print_menu():
    print("1) 도서 추가")
    print("2) 도서 삭제")
    print("3) 도서 목록 출력")
    print("4) 종료")
    user_input = input("Menu: ")
    return int(user_input)

def add_book(book_list):
    title = input("Title :")
    price = input("Price :")
    author = input("Author:")
    isbn10 = input("ISBN10:")
    book = Book(title, int(price), author, isbn10)
    book_list.append(book)

def print_book(book_list):
    for book in book_list:
        print("-" * 20)
        book.print_info()
    print("-" * 20)

def main():
    book_list = []
    while True:
        menu = print_menu()
```

```python
        if menu == 1:
            add_book(book_list)
        elif menu == 2:
            pass
        elif menu == 3:
            print_book(book_list)
        else:
            break

main()
```

삭제

이번에는 책을 삭제하는 기능을 추가해보겠습니다. 책은 제목이 같을 수도 있기 때문에 책의 고유정보인 ISBN10을 입력 받은 후 삭제하면 됩니다. 파이썬 리스트에 있는 Book 클래스의 객체들에 대해서 삭제할 ISBN10과 같은 값이 있는 인덱스를 찾습니다. 리스트에서 원소의 삭제는 del 리스트[인덱스]이므로 인덱스를 사용하여 Book 객체를 삭제합니다.

```python
# 도서 관리 프로그램
class Book:
    def __init__(self, title, price, author, isbn10):
        self.title = title
        self.price = price
        self.author = author
        self.isbn10 = isbn10

    def print_info(self):
        print("Title :", self.title)
        print("Price :", self.price)
        print("Author:", self.author)
        print("ISBN10:", self.isbn10)

def print_menu():
```

```python
        print("1) 도서 추가")
        print("2) 도서 삭제")
        print("3) 도서 목록 출력")
        print("4) 종료")
        user_input = input("Menu: ")
        return int(user_input)

    def add_book(book_list):
        title = input("Title :")
        price = input("Price :")
        author = input("Author:")
        isbn10 = input("ISBN10:")
        book = Book(title, int(price), author, isbn10)
        book_list.append(book)

    def print_book(book_list):
        for book in book_list:
            print("-" * 20)
            book.print_info()
        print("-" * 20)

    def delete_book(book_list):
        isbn10 = input("ISBN10:")

        index = None
        for i, book in enumerate(book_list):
            if book.isbn10 == isbn10:
                index = i
                break

        if index is not None:
            del book_list[index]

    def main():
        book_list = []
        while True:
```

```
        menu = print_menu()
        if menu == 1:
            add_book(book_list)
        elif menu == 2:
            delete_book(book_list)
        elif menu == 3:
            print_book(book_list)
        else:
            break

main()
```

11.5 디버깅

디버깅

프로그래머의 의도와 달리 오동작하는 소스 코드를 버그(bug)라고 합니다. 그리고 이런 버그를 잡는 일련의 과정을 디버깅(debugging)이라고 합니다. 프로그램을 개발하다 보면 개발 시간의 많은 부분이 이 디버깅에 듭니다. Visual Studio Code는 소스 코드 에디터 역할 뿐만 아니라 디버깅을 지원합니다. 이번 절에서는 Visual Studio Code로 디버깅하는 방법을 공부합니다.

브레이크포인트 및 실행

Visual Studio Code에서 다음과 같이 파이선 코드를 작성합니다. 그리고 Ctrl+F5를 누르면 실행됩니다. 파이썬 인터프리터는 소스 코드의 시작부터 끝까지 순차적으로 실행합니다.

```
a = 3
b = 4
c = a + b
print(c)
```

브레이크포인트는 실행을 잠시 멈출 때 사용합니다. 디버깅을 위해 소스 코드의 특정 부분에 브레이크포인트를 설정한 후 디버깅 모드로 시작하면 파이썬 인터프리터는 브레이크포인트가 있는 코드 라인에서 실행을 잠시 멈춥니다. 이렇게 인터프리터를 잠깐 멈춘 상태에서 변수가 바인딩하는 값을 살펴봄으로써 소스 코드에 문제가 있는 부분을 찾는 겁니다.

소스 코드에 브레이크포인트를 설정하고 직접 디버깅해봅시다. 첫 번째 라인에 마우스 커서를 이동한 후 키보드의 F9 키를 눌러 해당 라인을 브레이크포인트로 설정합니다. 다음 그림과 같이 브레이크포인트는 빨간 점으로 표시됩니다.

```
ch11 > 05 > 🐍 01.py > ...
  1  a = 3
  2  b = 4
  3  c = a + b
  4  print(c)
```

그림 11.5.1 브레이크포인트

브레이크포인트를 설정했다면 디버깅이 가능한 디버깅 모드로 실행하면 됩니다. Visual Studio Code에서 F5 키를 누르면 디버깅 모드로 실행됩니다. 다음 그림과 같이 1번째 라인에서 인터프리터는 아직 실행하지 않고 대기하고 있는 상태입니다.

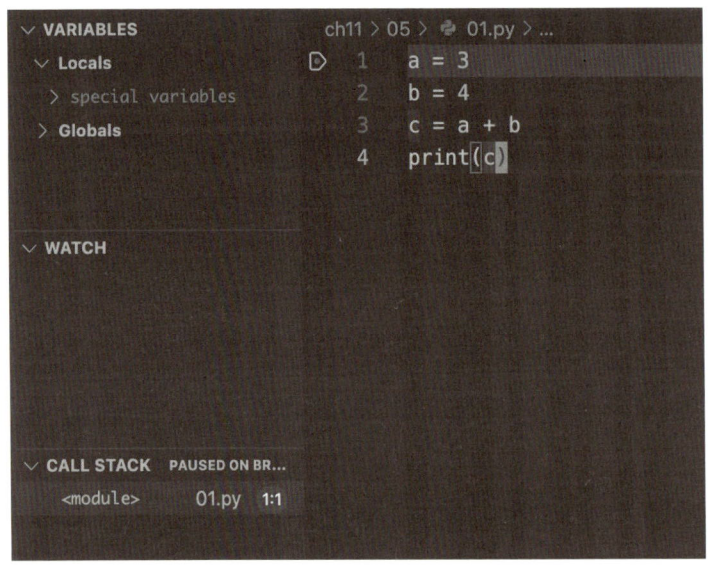

그림 11.5.2 디버깅 모드로 실행

디버깅 모드에서 F10키를 누르면 인터프리터가 다음 줄로 이동합니다. 왼쪽에 WATCH 뷰는 사용자가 변수를 입력하여 해당 변수의 값을 볼 수 있습니다. a라고 타이핑하면 a 변수가 바인딩하는 3을 확인할 수 있습니다.

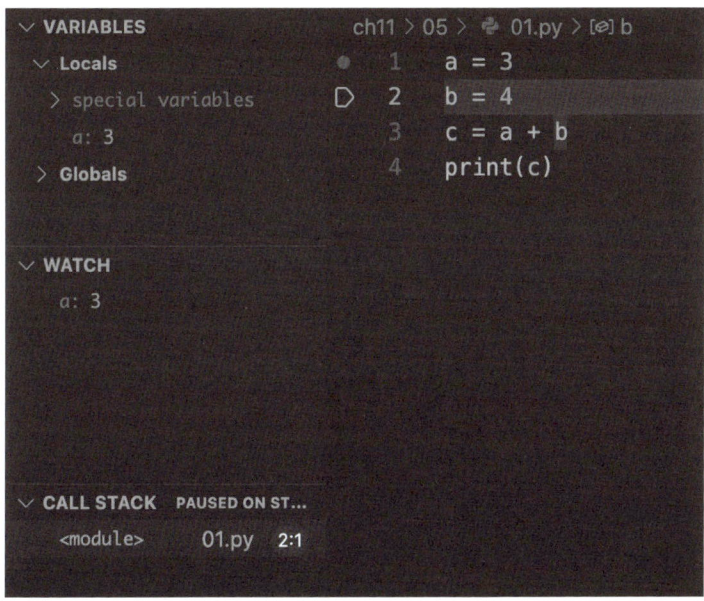

그림 11.5.3 WATCH 뷰

다시 F10키를 누르면 3번째 라인으로 이동합니다. VARIABLES 뷰에는 자동으로 변수가 출력됩니다. 사용하는 변수 a와 b의 값이 여러분의 의도에 맞는 값인지 확인합니다.

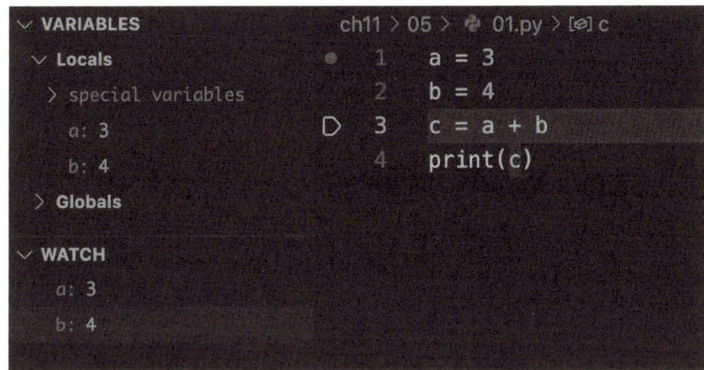

그림 11.5.4 VARIABLES 뷰

이런 과정을 통해 여러분은 소스 코드의 문제점을 찾을 수 있습니다. 브레이크 포인트는 소스 코드의 시작에서 설정하기보다는 여러분들이 버그가 있을 만한 위치에 설정하면 됩니다. 버그를 찾았다면 디버깅 모드를 종료하면 되는데 단축키는 Shift + F5키입니다.

함수 디버깅

이번에는 함수가 있는 코드를 디버깅해보겠습니다. hap이라는 함수에 3, 4의 인자를 전달하면 7이 출력돼야 하는데 8이 출력되는 문제가 있는 코드입니다.

```
a = 3
b = 4

def hap(a, b):
    ret = a + b + 1
    return ret

result = hap(a, b)
print(result)
```

일단 브레이크포인트를 result = hap(a,b)라는 코드가 위치하는 라인에 설정합니다.

```
ch11 > 05 > 02.py > ...
1  a = 3
2  b = 4
3
4  def hap(a, b):
5      ret = a + b + 1
6      return ret
7
8  result = hap(a, b)
9  print(result)
```

그림 11.5.5 브레이크포인트 설정

F5 키를 눌러 디버깅 모드를 시작합니다. 소스 코드 라인 1~7은 수행하고 8번째 라인에서 멈춘 것을 확인할 수 있습니다. 여기서 F10을 누르면 9번째 라인으로 이동하게 됩니다. 하지만 우리는 지금 hap이라는 함수를 디버깅하고 싶습니다. 함수 안으로 이동하는 단축키는 F11입니다.

```
ch11 > 05 > 🐍 02.py > [∅] result
  1   a = 3
  2   b = 4
  3
  4   def hap(a, b):
  5       ret = a + b + 1
  6       return ret
  7
▷ 8   result = hap(a, b)
  9   print(result)
```

그림 11.5.6 함수 안으로 이동

F11키를 눌러 hap 함수로 이동해봅니다. 앞서 배운 함수 호출의 3단계에서 인자값 바인딩을 거친 후 5번째 소스 코드 라인에서 대기 중인 것을 확인할 수 있습니다.

```
ch11 > 05 > 🐍 02.py > ⬡ hap
  1   a = 3
  2   b = 4
  3
  4   def hap(a, b):
▷ 5       ret = a + b + 1
  6       return ret
  7
●  8   result = hap(a, b)
  9   print(result)
```

그림 11.5.7 함수 디버깅

이 상태에서 F10을 눌러 다음 줄로 이동해보면 ret 값이 7이어야 하는데 8로 잘못된 것을 확인할 수 있습니다. 다시 F10을 누르면 함수 호출이 끝나고 다음 줄인 라인 9로 이동하게 됩니다.

이처럼 Visual Studio Code를 사용하면 함수도 쉽게 디버깅할 수 있습니다. 버그의 원인을 찾았으므로 Shift + F5키를 눌러 디버깅을 종료합니다. 소스 코드에 설정된 브레이크포인트의 경우 해당 브레이크포인트를 클릭하거나 해당 라인에서 다시 F9 키를 누르면 브레이크포인트가 해제됩니다.

연습문제 정답

2장 연습문제 풀이

2.2 파이썬과 변수

[1]

```
과자 = 1500
아이스크림 = 1000
총금액 = 과자 * 5 + 아이스크림 * 7
print(총금액)
```

[2]

```
환율 = 1290
달러 = 900
총금액 = 달러 * 환율
print(총금액)
```

[3]

```
월요일가격 = 10000
화요일가격 = 월요일가격 * 1.1
수요일가격 = 화요일가격 * 1.1
print(수요일가격)
```

2.3 파이썬 문자열

[1]

```
print(reg_num[0:6])
```

[2]

```
print(car_num[-4:])
```

[3]

C 가 출력됩니다. 코드의 가장 왼쪽에 있는 data[:] 부터 실행됩니다. 인덱스를 생략했으므로 처음부터 끝까지 전체 문자열을 가져옵니다. 이어서 뒤에 있는 [:] 을 실행하니 또다시 전체 데이터를 가져오며 이를 반복합니다. 마지막에 [-1] 로 인해 문자열의 가장 마지막에 있는 C 가 선택됩니다.

2.4 문자열 주요 함수

[1]

```
a = 'hello world'
a = a.replace('hello', 'hi')
print(a)
```

[2]

```
a = '    2022/06/21    '
a = a.strip().replace("/", "-")
print(a)
```

3장 연습문제 풀이

3.1 리스트

[1]

```
data = [59600, 60900, 60700, 61900, 62100]
avg = sum(data) / len(data)
print(avg)
```

[2]

```
data = [1463, 1483, 1498, 1517, 1530]
print(min(data), max(data))
```

3.3 딕셔너리

[1]

```
data = {
    '시가': 58000,
    '고가': 59000,
    '저가': 57000,
    '종가': 58500
}
```

[2]

```
data = {
    '2월 4주': 1463,
    '3월 1주': 1483,
    '3월 2주': 1498,
    '3월 3주': 1517,
    '3월 4주': 1530
}
```

[3]

```
data = {
    '이름': 유서하,
    '직업': 대학생,
    '나이': 20
}
```

3.4 딕셔너리

[1]

```
xrp = [
    {'날짜': "2022-06-01", "open": 535, "high": 565, "low": 510, "close": 533},
    {'날짜': "2022-06-02", "open": 533, "high": 546, "low": 493, "close": 504},
    {'날짜': "2022-06-03", "open": 503, "high": 518, "low": 476, "close": 498}
]
```

[2]

```
movie = [
    {"월": "2021-05", "예정작": ["크루즈 패밀리", "극장판 콩순이", "아이들은 즐겁다"]},
    {"월": "2021-06", "예정작": ["까치발", "킬러의 카운슬러", "꿈꾸는 고양이"]}
]
```

4장 연습문제 풀이

4.2 파이썬 조건문

[1]

```
num1 = 10
num2 = 20

if num1 > num2:
    print(num1)
else:
    print(num2)
```

[2]

```
점수 = 65

if 점수 >= 90:
    학점 = 'A'
elif 점수 >= 80:
    학점 = 'B'
elif 점수 >= 70:
    학점 = 'C'
elif 점수 >= 60:
    학점 = 'D'
else:
    학점 = 'F'

print(학점)
```

5장 연습문제 풀이

5.1 파이썬 for문(1)

[1]

```
과자목록 = ["꼬깔콘", "새우깡", "포카칩", "프링글스", "오징어땅콩"]

for 과자 in 과자목록:
    print(과자)
```

[2]

```
카트 = ["생수", "과일", "음료수", "과자"]
```

```
for 물건 in 카트:
    print(물건, "계산 완료")
```

5.2 파이썬 for문(2)

[1]

```
for i in range(1, 4):
    print("파이썬", i)
```

[2]

```
과자 = {
    "꼬깔콘": 2000,
    "새우깡": 3800,
    "포카칩": 1200
}

for 이름, 정가 in 과자.items():
    print(이름, 정가, 정가 * 0.9)
```

5.3 반복문과 조건문

[1]

```
과일목록 = ["참외", "사과", "바나나", "산딸기"]

과일리스트 = []
for 과일 in 과일목록:
    if len(과일) >=3:
        과일리스트.append(과일)

print(과일리스트)
```

[2]

```
과자 = {
    "꼬깔콘": 1680,
    "새우깡": 3830,
    "포카칩": 1180,
    "프링글스": 2980,
    "오징어땅콩": 1680
}

과자리스트 = []
for 이름, 가격 in 과자.items():
    if 가격 < 2000:
        과자리스트.append(이름)

print(과자리스트)
```

5.4 break, continue, pass

[1]

```
과자 = {
    "꼬깔콘": 1680,
    "새우깡": 3830,
    "포카칩": 1180,
    "프링글스": 2980,
    "오징어땅콩": 1680
}

과자리스트 = []
과자가격합 = 0

for 이름, 가격 in 과자.items():
    if 과자가격합 + 가격 > 7000:
        break
```

```
        과자리스트.append(이름)
        과자가격합 += 가격

print(과자리스트)
print(과자가격합)
```

[2]

```
번호리스트 = [
    "01가 1234",
    "02나 1012",
    "80가 1011",
    "91다 8876",
    "61오 6531"
]

for 번호 in 번호리스트:
    num = int(번호[:2])

    if num > 70:
        continue
    print(번호)
```

5.5 while 문

[1]

```
배추가격 = 1000
i = 0

while i < 5:
    배추가격 = 배추가격 * 1.1
    i += 1
```

```
print(배추가격)
```

[2]

```
import random

lotto = []

while len(lotto) < 6:
    num = random.randint(1, 45)    # 1~45 중 숫자 하나를 num이 바인딩
    if num not in lotto:
        lotto.append(num)

print(lotto)
```

5.6 중첩 루프

[1]

```
for i in range(5):
    for j in range(i):
        print(" ", end="")
    for j in range(5-i):
        print("*", end="")
    print("\n")
```

[2]

```
for i in range(5):
    for j in range(4-i):
        print(" ", end="")
    for j in range(2*i+1):
        print("*", end="")
```

```
print("\n")
```

6장 연습문제 풀이

6.1 함수 기초

[1]

```
def 작별인사():
    print("안녕히 가세요")
```

[2]

```
작별인사()
```

6.2 입력값이 있는 함수

[1]

```
def 구매(물품):
    print(물품, "구매")

구매("아이패드")
```

[2]

```
def print_ticker(ticker):
    coin, fiat = ticker.split('-')
    print(coin)
```

```
print_ticker("BTC-KRW")
```

[3]

```
def print_ticker(ticker):
    coin, fiat = ticker.split('-')
    print(coin.upper())

print_ticker("xrp-krw")
```

6.3 리턴값이 있는 함수

[1]

```
def print_birthday(security_number):
    return security_number[:6]

print_birthday("821218-1634227")
```

[2]

```
def myaverage(data):
    return sum(data)/len(data)

result = myaverage([1, 2, 3, 4, 5])
print(result)
```

6.4 함수 호출 과정의 이해

[1]
지역변수 a가 파이썬 리스트를 바인딩하므로 파이썬 리스트에 1과 2가 추가됩니다.

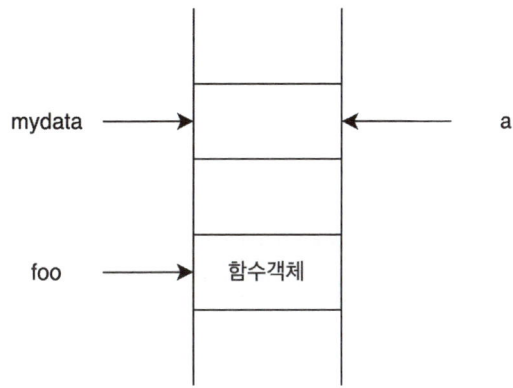

[2]

함수에서 정의된 변수 a가 전역변수 mydata가 바인딩하는 딕셔너리 객체를 바인딩합니다. 따라서 딕셔너리에 값이 추가됩니다.

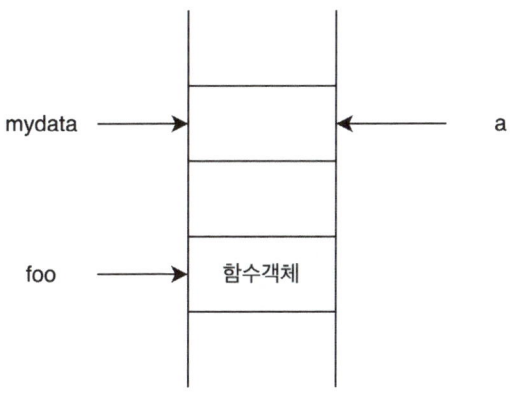

[3]

mydata 변수는 튜플을 바인딩합니다. 함수가 호출되는 순간 a라는 지역변수는 mydata 변수가 바인딩하는 튜플을 바인딩합니다. 이 상태에서 튜플의 값을 변경하려 시도하기 때문에 에러가 발생합니다.

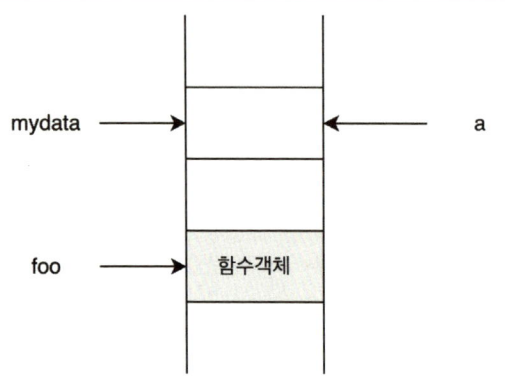

[4]

myupper 함수는 "PYTHON" 문자열을 리턴하지만 함수 호출부에서는 이를 바인딩하지 않습니다. 따라서 함수 외부의 data 변수는 여전히 소문자 "python" 문자열을 바인딩합니다.

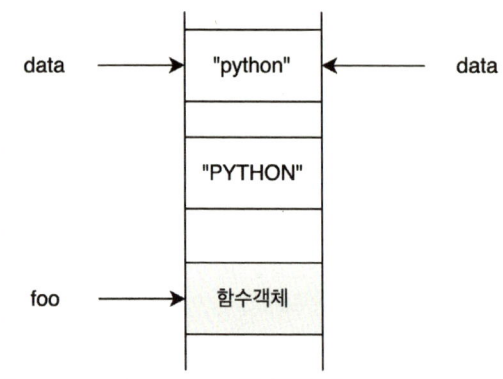

7장 연습문제 풀이

7.2 파이썬 모듈 만들기

[1]

```
def average(data):
```

```
    return sum(data) / len(data)

def deviation(data):
    avg = average(data)
    dev = []
    for i in data:
        dev.append(i-avg)
    return dev

def variance(data):
    dev_list = deviation(data)
    accume = 0
    for dev in dev_list:
        accume += dev * dev
    return accume / len(data)
```

8장 연습문제 풀이

8.2 클래스 정의

[1]

```
class 암호화폐:
    pass
```

[2]

```
btc = 암호화폐()
eth = 암호화폐()

btc.티커 = "비트코인"
eth.티커 = "이더리움"
```

[3]

```
print(btc.티커)
print(eth.티커)
```

[4]

```
class 현대차:
    pass

car1 = 현대차()
car2 = 현대차()
car1.차종 = "소나타"
car2.차종 = "그랜저"

print(car1.차종)
print(car2.차종)
```

[5]

```
class 계좌:
    pass

acc1 = 계좌()
acc2 = 계좌()

acc1.이름 = "김철수"
acc1.잔고 = 500

acc2.이름 = "이영희"
acc2.잔고 = 1000

print(acc1.이름, acc1.잔고)
print(acc2.이름, acc2.잔고)
```

8.3 클래스와 메서드

[1]

```
class 붕어빵틀:
    def 앙꼬넣기(어떤빵, 넣을앙꼬):
        어떤빵.앙꼬 = 넣을앙꼬

내빵 = 붕어빵틀()
너빵 = 붕어빵틀()

붕어빵틀.앙꼬넣기(내빵, "딸기맛")
붕어빵틀.앙꼬넣기(너빵, "초코맛")

print(내빵.앙꼬)
print(너빵.앙꼬)
```

[2]

```
class 계좌:
    def 개설(누구계좌, 이름, 잔고):
        누구계좌.이름 = 이름
        누구계좌.잔고 = 잔고
```

[3]

```
class 계좌:
    def 개설(누구계좌, 이름, 잔고):
        누구계좌.이름 = 이름
        누구계좌.잔고 = 잔고

김씨 = 계좌()
이씨 = 계좌()

계좌.개설(김씨, "김철수", 500)
```

계좌.개설(이씨, "이영희", 1000)

[4]

```
class 계좌:
    def 개설(누구계좌, 이름, 잔고):
        누구계좌.이름 = 이름
        누구계좌.잔고 = 잔고

    def 출력(누구계좌):
        print(누구계좌.이름)
        print(누구계좌.잔고)

김씨 = 계좌()
이씨 = 계좌()

계좌.개설(김씨, "김철수", 500)
계좌.개설(이씨, "이영희", 1000)

계좌.출력(김씨)
계좌.출력(이씨)
```

8.4 파이썬 클래스 self 이해하기

[1]

```
class 계좌:
    def 개설(self, 이름, 잔고):
        self.이름 = 이름
        self.잔고 = 잔고

김씨 = 계좌()
이씨 = 계좌()
```

```
        계좌.개설(김씨, "김철수", 500)
        계좌.개설(이씨, "이영희", 1000)
```

[2]

```
    class 계좌:
        def 개설(self, 이름, 잔고):
            self.이름 = 이름
            self.잔고 = 잔고

        def 출력(self):
            print(self.이름)
            print(self.잔고)

    김씨 = 계좌()
    이씨 = 계좌()

    계좌.개설(김씨, "김철수", 500)
    계좌.개설(이씨, "이영희", 1000)

    계좌.출력(김씨)
    계좌.출력(이씨)
```

8.6 생성자

[1]

```
    class 사람:
        def __init__(self, 이름, 생년월일, 성별):
            self.이름 = 이름
            self.생년월일 = 생년월일
            self.성별 = 성별

        def 정보출력(self):
```

```
        year = self.생년월일[:4]
        month = self.생년월일[4:6]
        day = self.생년월일[6:8]
        print(year, "년 ", month, "월 ", day, "일 ", "(", self.성별, ") ", self.이름, sep="")

나 = 사람("조대표", "19821218", "남")
나.정보출력()
```

[2]

```
class 비행기:
    def __init__(self, 기종):
        self.기종 = 기종

    def 이륙(self):
        print(self.기종, "이륙합니다.")

비행기1 = 비행기("보잉787")
비행기1.이륙()

비행기2 = 비행기("에이버스A330")
비행기2.이륙()
```

[3]

```
class 계좌:
    def __init__(self, 이름, 잔고):
        self.이름 = 이름
        self.잔고 = 잔고

    def 출력(self):
        print(self.이름)
        print(self.잔고)
```

```
김씨 = 계좌("김철수", 500)
이씨 = 계좌("이영희", 1000)

김씨.출력()
이씨.출력()
```

8.7 클래스 상속

[1]

```
class 통장:
    def __init__(self, 이름, 잔고):
        self.이름 = 이름
        self.잔고 = 잔고

    def 입금(self, 입금액):
        self.잔고 += 입금액

    def 출금(self, 출금액):
        if self.잔고 >= 출금액:
            self.잔고 -= 출금액
```

[2]

```
class 마이너스통장(통장):
    def 출금(self, 출금액):
        self.잔고 -= 출금액

마통 = 마이너스통장("조대표", 10000)
마통.출금(20000)

print(마통.잔고)
```

그림으로 배우는 파이썬 기초 문법

초판 발행 | 2023년 1월 2일
전자책 발행 | 2023년 1월 2일
책규격 | 188 x 240

가격(종이책) | 17,000원
가격(전자책) | 15,300원

지은이 | 조대표, 유대표
펴낸이 | 박시후
엮은이 | 박시후
표지,내지 디자인 | chacha

펴낸곳 | 파이스탁
출판신고 | 2018년 11월 29일 제409-2018-000051
주소 | 경기도 김포시 풍무로 35, 208동 1301호
홈페이지 | https://www.pystock.co.kr/
e-mail | support@pystock.co.kr

ISBN(종이책) | 979-11-966088-5-9
ISBN(전자책) | 979-11-966088-6-6

이 책의 한국어판 저작권은 저작권자와 독점 계약으로 파이스탁이 소유합니다.
저작권법에 의해 한국 내에서 보호를 받는 저작물이므로 무단 전재와 복제를 금합니다.